中国武术文化史研究

段三真 著

北方文艺出版社
哈尔滨

图书在版编目（CIP）数据

中国武术文化史研究 / 段三真著 . –– 哈尔滨：北
方文艺出版社，2022.6
ISBN 978-7-5317-5543-2

Ⅰ . ①中… Ⅱ . ①段… Ⅲ . ①武术－体育文化－文化
史－研究－中国 Ⅳ . ① G852

中国版本图书馆 CIP 数据核字 (2022) 第 075099 号

中国武术文化史研究
ZHONGGUO WUSHU WENHUASHI YANJIU

作　者 / 段三真
责任编辑 / 李　萌　　　　　　　　　　封面设计 / 邓姗姗

出版发行 / 北方文艺出版社　　　　　　邮　编 / 150008
发行电话 / (0451) 86825533　　　　　经　销 / 新华书店
地　址 / 哈尔滨市南岗区宣庆小区 1 号楼　网　址 / www.bfwy.com

印　刷 / 廊坊市瀚源印刷有限公司　　　开　本 / 710mm×1000mm　1/16
字　数 / 163 千　　　　　　　　　　　印　张 / 11
版　次 / 2022 年 6 月第 1 版　　　　　印　次 / 2024 年 1 月第 2 次印刷

书　号 / ISBN 978-7-5317-5543-2　　　定　价 / 48.00 元

目　录

第一章　中国武术文化的初源——上古篇……………………… 1

第一节　中国武术之根与中华文明之源 ……………………… 1

第二节　从武术的特质辨识其文化之根 ……………………… 2

第三节　从文化解读来看中国武术之根 ……………………… 6

第四节　原始文化推动下的武术器械萌发 …………………… 15

第五节　人类远古武器演进与武术文化粗显延伸 ……………… 21

第二章　中国武术文化的开端——夏朝篇………………… 25

第一节　王朝初成与政权维护中的远古武术因子 ……………… 25

第二节　夏开启中国军事武术的时代 ………………………… 28

第三节　战争初涉文明对武术的呼唤 ………………………… 33

第四节　夏朝出现后文明的"武"动推进与"武"恋文明 …… 36

第五节　夏朝武术与教育 ……………………………………… 43

第六节　夏朝武术的文化重价与史学要义 …………………… 46

第三章　中国武术文化的发展——商朝篇………………… 51

第一节　商朝建立——武伐四方、德征天下 ………………… 51

第二节　商朝帝王与武术 ……………………………………… 53

第三节　武官与武将 …………………………………………… 55

第四节　师与师般 ……………………………………………… 59

第五节　商朝冷兵器械 ………………………………………… 64

第六节　商朝射术与教育 ……………………………………… 85

第四章　西周篇 ··· **97**

第一节　尚武的延续 ·· 97

第二节　西周武舞 ·· 98

第三节　文化教育中的武术 ····························· 106

第四节　器械与格斗 ·· 116

第五节　狩猎与讲武 ·· 122

第五章　春秋篇 ··· **127**

第一节　武学与儒学 ·· 127

第二节　春秋"角力"之武术 ····························· 133

第三节　"剑"在春秋 ·· 139

第四节　名将曹沫 ·· 155

第六章　战国篇 ··· **157**

第一节　从"战国"名字的解读来看武术文化的跨进条件 ····· 157

第二节　私学的社会发展使中国武术从官学走进民间 ·········· 159

第三节　诸子百家对武术文化的推动 ····················· 161

参考文献 ··· **171**

第一章　中国武术文化的初源 —— 上古篇

第一节　中国武术之根与中华文明之源

　　"有物混成，先天地生，寂兮寥兮，独立而不改，周行而不殆，可以为天地母。吾不知其名，强字之曰道，强为之名曰大。""道生一，一生二，二生三，三生万物。万物负阴而抱阳，冲气以为和。"类似的老子对天地成因的古朴哲释史重群集，曾影响一代又一代的民族先人。考古研究对中国新石器遗址的确证已经数以千计，如陕西临潼白家村遗址存于公元前7000年，甘肃秦安大地湾遗址约存在于公元前7000年，河南新郑裴李岗文化约存在于6200年，等等。随着科学的发展和人类考古研究的不断深入，中华文化的缘起还在不断向史前推进，文化的远始早启和疆域辽极的博大厚沃孕育了中华文化的璀璨与辉煌。梁启超说，"华夏民族，非一族所成。太古以来，诸族错居，接触交通，各去小异而大同，渐化合以成一族之形"。岑仲勉对文化和民族的唇齿相依也曾指出："世界上没有血统很纯粹的民族。民族既非单元，文化也就不会单元。反过来，文化越灿烂，民族的血统似乎越复杂。"

　　民族成员的复杂成就了中华民族的强悍历史，孕育了中华文化的浩博与精深。在浩大的中华文化苍穹中，中国武术也不过仅是繁星一点，但立于中华文化苍穹边缘依然可显见武术的中国文化魅力与光华。与中华民族同源共起的武术自原始便与中华文化紧系相融，中华民族历史有多久、中国文化历史有多久，中国武术历史亦有多久，这是不可更改的历史。虽然社会的进步与文化的成长让中国武术的显见历史始于商周、体系之成在于隋唐、流派鼎盛现于明清，但中国武术的文化根基是中华民族缘起见证下的中华文化之源。

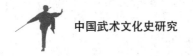

第二节　从武术的特质辨识其文化之根

　　武术，作为一项本土民族历史文化，对于中华民族来说已是再熟知不过的了，作为民族一份子也作为专业研究者，笔者坚信这一民族文化的普适性，至于武术本色根质的文化特性或许还不能为一般群众所了解。作为一项独特的民族历史人体文化，中国武术现已处在民族历史文化的生存边缘，急功近利的人为改良更是让中国武术找不到发展方向，使得这一厚重的民族历史人体文化在近代仅存的"国术"正貌与本色脱离其原有文化要义与历史正轨。现存的武术让人们怀疑其本属的文化功能与历史原色，在"更高""更快""更强"等西方体育核心理念导向下，中国武术的民族文化属性已经模糊，套路的体操化发展更让中国武术的文化功能逐渐消失。

　　中国武术的历史受阻、文化蒙难、人为改良使得这一与民族历史同源共起的传统文化本色模糊不清。"太极健身操"的普遍推广也难以让无数的简化太极拳练习者验证武术的文化功能和历史本色。到底应当怎样理解武术，如何看待武术的文化特质，是健身？是搏斗？是表演？还是……？下面笔者根据近半个世纪的专家研究，探讨一下武术的文化特质，这其中包括能够描述文化本真归属的武术概念。

　　"我们既认思维和对象的关系是主动的，是对于某物的反思，因此思维活动的产物、普遍概念，就包含有事物的价值，亦即本质、内在实质、真理。"[1]我们通过以上黑格尔对于概念的描述可领略武术概念对其文化本真的价值。对于武术概念的研究，到目前为止，比较全面系统的可能算是北京体育大学的李印东教授和武汉体院的温力教授所做的研究。在此，我们借助两位学者的研究共同从概念上深入探讨武术的文化特质和历史根因。首先，对于武术的文化特质归属，中国武界权威邱丕相先生认为"武术是中国传统技击术""有置对方于死地或失去反抗能力的方法"。这一论述

---

　　[1] 黑格尔：《小逻辑》，商务印书馆，1996，第74页。

已经将对中国武术文化特质的界定焊入骨髓，一个忠诚研究中国武术且要倾尽毕生捍卫这一民族历史文化的崇高斗士没有专业人生积累与文化尊重是不会轻易断言的。

20 世纪 80 年代初期，成都体育学院的习云太在《也谈武勇、武艺、武术的本质区别》中也曾指出，"武艺与武术都是不同时期对传统技击术的总称"。1978 年版《武术》将武术定义为"武术，是以踢、打、摔、拿、击、刺等攻防格斗动作为素材……训练格斗技能的民族形式的体育项目"[1]。1985 年版体育系通用教材《武术》对武术的概念描述是"武术，是以……技击动作为素材……斗智较力，形成搏斗"[2]。1990 版《武术》指出，"武术是以技击为主要内容"[3]。1991 年版《武术》指出，"武术是以技击动作为主要内容"[4]。1996 年版《武术》的内容依然是"武术是以技击动作为主要内容"[5]。从上个世纪末到目前为止，武术的概念首先基本肯定了武术的技击内质。概念是对研究主体浓缩精华的提炼，是对所述对象本身特质的反映或简述。半个多世纪的时间，中国武术的概念几经更进提炼，技击的本属特质在武术概念中显现得越来越突出。半个多世纪的概念研究时间也正是中国武术的生存环境急剧劣化的时间，在这段时间中，中国武术正处于一种模糊生存的状态游离，本属的文化特质近乎绝迹。在这样的文化环境下，我们的专家依然要对文化研究责无旁贷，对历史承沿去伪存真，对武术的概念感悟不断地从历史呈现的真相和文化本属的归真出发，把中国武术人体文化的技击属性在概念中不断精炼并标定。

在今天，西方体育文化大行其道，中国体育在从发展向发达迈进之时必然会受其影响。中国武术已离其本真渐行渐远，在这种情况下，我们的专业

---

[1] 体育院系教材编审委员会《武术》编写组编《武术》第一册，人民体育出版社，1978，第 1 页。

[2] 体育院、系教材编审委员会《武术》编写组编《武术》上册，人民体育出版社，1985，第 1 页。

[3] 体育运动学校《武术》教材编写组编《武术》，人民体育出版社，1990，第 1 页。

[4] 邱丕相等编《武术》上册，人民体育出版社，1991，第 1 页。

[5] 武术教材编写组编《武术》，高等教育出版社，1996，第 1 页。

者还在敬业坚守，始终不弃为武术的文化本真呐喊"武术的技击特质"。只有我们极少数的专业者的捍卫是难以奏效的，民族的文化需要民族团结凝聚的力量加以呵护。此外，跆拳道的无限夸张、泰拳的跨境张扬、拳击的抢占市场更是让武术的技击特质在本土抑郁，原因何在？中国武术西化体育之路使武术的本真特质被剥离，大众也对武术的技击功能越来越持怀疑态度。历史不可逆转，现实难以复制，尽管中国武术曾驰骋中华民族历史数千年，具有"武能安邦"的政治军事功效，至少始于轩辕氏"习用干戈，以征不享"，征战于中华民族历史舞台，虽然也曾数次遭遇类似秦朝"以弱天下之民"，以及金、元时代"民习角抵，枪棒罪"的禁武，中国文化史、中国军事史、中国教育史等民族历史文化无不昭示武术技击特质的人体文化功效。

今天武术本属的技击功能已经弱化了，尽管我们依然还能勉强从河南电视台《武林风》王洪祥、一龙等选手身上短窥中国武术在国际技击对抗中的魅力，但中国武术文化特质的时代改写已是难以挽回的现实，太极拳的世界推广也只能是让中国武术健身功效这一附庸功能对民族文化的重义加以喧宾夺主，这也让武术的技击特质和文化本属更加模糊。但是，无论时代如何行进，历史如何延伸，中国武术的技击文化要义和历史本真归属是剔除不了的，民族文化的生命可以终了，但是民族文化的本真特质不可亵渎，更何况中国武术是与中华民族有着同源共始的历史根因，文化的民族基因始终是中国武术历史传承的核心要素。让我们沿袭人类历史的足迹搜寻中华民族的原始文化根因，并以武术本属特质验证其文化源始民族归属。

在人类民族起源之初，不仅仅是指某一个民族，任何民族都脱离不了生存之需的欲求，生存问题的解决是一个民族文明推进的支撑力量。美国著名考古学家和史学家詹姆斯·亨利·布雷斯特德（James Henry Breasted，以下简称"布雷斯特德"）在《文明的征程》（The Conquest of Civilization）中对人类的生存发展曾给予这样的描述："对于许多古代哺乳类动物来说……尽管它们力大无比，但仍不免灭绝的厄运，在抵御自然界侵袭的过程中，它们垮掉了，而面对同样严酷的自然，人类却生存下来并不断发展，在同哺乳类劲敌争夺家园的斗争中，人类的生存能力得到了极大的发展。"①的确，数百万年来人类能从动物界中脱颖而出，逐渐成为主宰历史、畅舒自然的种群完全得益于对生存问题解决方法的不断更新与拓展，以及在此条件下与智慧进化并蒂而启的人类特有智慧产物——人类文化。

中华文化是世界上缘起最早的文化之一，繁沉史遥的远古民族文化成就了世界上唯一未曾中断绵延至今的中华文明并已为世界公认。1965 年及以后的时间里，我国考古学家在云南省元谋县东南的大那乌村发现两枚牙齿化石、17 件人工打制石器，后据古地磁测定这批元谋人生活年代距今约 170 万年（也有研究认为距今约 60 万年）。路易斯·亨利·摩尔根（Lewis Henry Morgan，以下简称"摩尔根"）指出，"蒙昧—野蛮—文明是人类文化和社会发展的普遍阶梯"。中华文明的缘起使中华民族逐渐摆脱蒙昧与野蛮，用智慧和劳动不断创造辉煌灿烂的中国文化，而中国武术独有的文化特质使这一民族历史文化深深根植于中华民族的智慧与劳动，与中华文化齐头并进。文化越先进，说明人类利用自然的能力就越强，人类文化进入高度发达的时代，衣食住行不再仅是极其简单的问题，而是成为生活中不同类型的享受，并且同时代不同种类文化的差异更让人们的享受可以拥有多项选择，如服饰方面，中外服饰不同，即使是我们国内的不同民族也有着不同的着装传统，饮食出行等亦是如此。这一切都得归功于人类文化的力量和功绩，是文化的进步把人类导向到了今天，同时人类的演进也在不断把文化向前推进，人们的生活质量也在不断提高。远古之初，人类祖先的生存是第一大难题，生活更无从提及，最大的艰险可能是经常面临野兽的攻击，在原始的自然状态下，人类这种生存险情可能会屡次出现。摩尔根在《古代社会》中对此曾有简单描述，"我们可以有把握地假定，当人类最初出现时，动物在数量和力量上正处于其全盛时期，古典时代的诗人笔下所描述的人类部落正居住在树丛中、森林里和洞穴中，他们为了占有这块栖息之所而与野兽斗争"②。中华文明

①J. H. 布雷斯特德：《文明的征程》，李静新、周惠来译，陕西师范大学出版社，2007，第 1 页。

②路易斯·亨利·摩尔根：《古代社会》，杨东莼、马雍、马巨译，商务印书馆，2012，第 2 页。

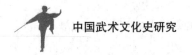

的久远我想已不必赘述，中华文化的远始早启正是中华先祖用智慧克服艰险生存的见证。我们的祖先在自然条件下用智慧与勇敢发挥着肢体的能量，这种人身肢体能量的智慧利用远远超越了一般动物的尖爪利牙，中华文化的原始初创之一"人体技击文化"，武术初创根因的某些元素可能恰恰来源于此。

第三节　从文化解读来看中国武术之根

1871 年，英国人类学家爱德华·伯内特·泰勒（Edward Burnett Tylor）在《原始文化》（*Primitive Culture*）一书中对"文化"和"文明"做了如下经典的定义："As for the spread Ethnologic meaning of Culture or Civilization, it is a complicated whole body which contain knowledge, belief, art, ethic, law, tradition and the ability or custom acquired by every social member."[1]（文化或文明，就其广泛的民族意义来说，包括知识、信仰、艺术、伦理、法律、习俗和任何社会成员获得的能力及习惯在内的复杂整体）。他关于文化的定义几乎包容了人类生存生活的各个方面，但是对于文化的起源问题界定得不够清晰。对于文化起源的挖掘，英国社会人类学家马林诺夫斯基（Malinowski）给出了这样的论断："The culture appear turns animal human into such one that can create, organize, think, speak, and plan as well."[2]（文化的出现，将动物的人变为能创造、组织、思考、说话及计划的人）。

对于文化出现在人类身上的历史原因，人类功能学派用"需要理论"进行了如下论定: 文化是某种生物现象，为了满足需要，人必须创造一个崭新的、第二性的、派生的环境，于是便有了文化。"文化"在德文中为 kultur，在英语和法语中都是 culture，是从拉丁文 cultus 转化而来的。美国人类学家克莱德·K. M. 克拉克洪（Clyde K. M. Kluckhohn）和艾尔弗雷德·路易斯·克罗伯（Alfred Louis Kroeber）在《文化: 概念与定义的评判性回顾》（*Culture:*

---

[1]Edward Burnett Tylor, Primitive Culture（s.i.: Franklin Classics Trade Press, 1965）, p. 21.

[2]同上书，第 39 页。

A Critical Review of Concepts and Definitions）中列举了 164 种文化的定义。1871—1920 年，文化仅有 6 种定义。到 1951 年，文化的定义出现了 164 种。据《中国文化史》描述，目前西方学者对"文化"的定义已远超过 200 种。有学者认为文化即"人化"，在这里我们姑且不管文化的定义如何，中华文化植根于中华大地，缘起于中华始祖的勤劳与智慧是不可辩驳的。

不管中外学者对于文化的界定如何，任何一种文化与民族原始相拥并起是文化起源演进的共性特点也是不可否认的。P. 巴思（P. Barth）对文化做了这样的描述，"人类征服自然的物质实践称为文化"①。或许从他的角度，我们更能清晰地看到中国武术的文化主根扎于何处。进化论和唯物论则以强悍的史学现实和文化遗证深刻地剖析了中华文明的根源。德国学者古斯塔夫·F. 克莱姆（Gustav F. Klemm）把人类文化分为三个进化阶段：wildheit（野蛮阶段）、zahmheit（驯化阶段）、freiheit（自由阶段）。这种人类文化的分段让我们能更清晰地理解人类历史文化的发展过程，中外文化学研究者无一能够否定剔除人类起源而独立文化源始的史实，人类学研究也早已把人类脱胎于动物群进一步主宰历史文明的古证用科学澄清，这也使人不得不感恩自然对于人类始祖文化的恩赐。既然人类脱胎于自然界的动物群体，也就难免经历恰如古斯塔夫·F. 克莱姆所研究的人类文化的三个阶段，其中野蛮阶段是我们今天依然可以想象的原始人类的生存状况，无论是在今天的史学研究、人类学研究还是文化学研究中，都有如出一辙的描述描绘了那一阶段的人类生存生活现状，很多中外媒体通过各种方式让现代人重温了人类祖先的远古状况。无论是对远古人类的历史复古还是我们自己对人类祖先野蛮阶段生存的想象，对人类来说，那时生存的艰难是我们极易捕捉的。对这种艰难困境的克服也正是由于人类文化的力量，一般动物未能与人类同样主宰历史的原因也必然是人类文化的能量。哲学家约翰·杜威（John Dewey）在其1915 年出版的《德国的哲学与政治》（*German Philosophy and Politic*）中指出："Culture is not human natural active fruit but natural actives which is from

----

①Edward Burnett Tylor, Primitive Culture（s.i.: Franklin Classics Trade Press, 1965）, p. 27.

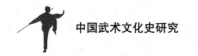

the internal spirit transform."① （文化不是人类自然动机的果实，而是内在的精神所转化的自然动机）。

中华民族原始祖先生存的艰辛开创了中华文化之源，中国武术的原始魅力在民族远古之初更是尽显文化的强悍与霸气。虽然在几百万年前中国武术的影子也只能仅限于对自然器具的挥舞或是徒手撕扯的人性本能，但是这些最简单、最原始的人类肢体能力行为，以及自然利器的选择与利用也就是中华民族生存欲求迫生的中国武术的原始影子。无论文化怎样行进，也无论历史的延展航向何方，文化的根基永远不可背离历史的最初选择。尽管今天的中国武术受尽了中国文化的万千熏染，独立的文化形态早已昭示民族文化的特色，文化由来的历史根源也难以推脱中国武术的民族起因，或许从某种意义上说，正是中国武术的原始能量才让中华远祖克服了自然界动物群共猎共食的艰险。恰如布雷斯特德在《文明的征程》中的描述"人类天下无敌的原因是人类掌握了武器，即使是最粗陋的武器也能使长颈鹿和大象在尼罗河的下游彻底消失"②。

人类对于原始自然利器的使用也肯定有一个漫长的过程，在使用自然利器之前原始人类也只能是与猛兽徒手相搏。徒手相搏当然与人类进入文明阶段的武术搏斗有天壤之别，但是没有早期远古祖先的简单肢体利用，不可能有后来的武术文化进化。正是先人远古肢体的简单利用才为后来中国武术的成型与发展做了最原始的孕育。对于中国武术的起源我们也可从文化学派大师陈序经的论述中窥知一二："文化是一种手段性的现实，文化的存在，是为了满足人类的需要，而且创造新的需要，文化给予人类以一种构造器官以外的扩充，一种防御保卫的甲胄，一种躯体上原有设备所完全不能达到的空间中的移动及其速度，文化是人类累计的创造品。"③对于武术的原始功用与起因，我们也可通过中国文化后期对"文化"的解释来加以了解。"文"

---

①Edward Burnett Tylor, Primitive Culture（s.i.：Franklin Classics Trade Press, 1965），p. 29.

②J. H. 布雷斯特德：《文明的征程》，李静新、周惠来译，陕西师范大学出版社，2007，第1页。

③陈序经：《文化学概观》，中国人民大学出版社，2005，第15页。

的甲骨文呈现的是一个人形，大致意思是和人紧密联系的；"化"在甲骨文中是两个人形一上一下屁股对着屁股。对"化"字的解释《说文解字》指："化，变也。从到（倒）人，凡匕之属皆从匕。"西汉以后，"文"和"化"构建新词合并使用为"文化"。《说苑·指武》（刘向）中讲："圣人之治天下也，先文德而后武力。凡武之兴为不服也。文化不改，然后加诛。"其中"文化"是文治教化的意思。《补亡诗·其六》说"文化内辑，武功外悠"，文化在此有文化教育的意思。中国古籍资料对于文化的解用已是中华文化的"百家诸子"之后，中华文化早已进入蓬勃发展的时代，并且从以上资料可看出"文"与"武"开始相提并论。此时文化的含义与解读已与原始之初相去甚远。那么我们再回文化源头探究武术之根。

我们在追溯文化源头时必须紧密联系人类远祖的自然利用与改造，文化与自然是相对的，正是人类这一物种的牵连才使文化与自然之间搭建起了互助发展的桥梁。在人类之前，我们可以说仅有动物与自然，原始人不过仅是动物群体中的一类，自然的馈赠让原始人的大脑进一步进化，逐步可以在自然中利用工具、选择工具。这种利用工具的能力使动物界中凸显出了在自然界中求生时明显有别于一般动物的类属——原始人，他们对自然工具的利用虽然还不能完全称得上人类文化，但至少为人类文化的孕育创造了条件，有了这种基础才使得后来的人类有了加工自然器具的能力，为人类文化的创造开启了人类的历史篇章。我们翻开人类世界史和人类进化史不难发现一个共同的特点，世界上几乎所有的民族都有自己本民族的搏击术，或说是各自的民族武术，如我们都能熟知的韩国武术（跆拳道）、日本武术（空手道）、泰国武术（泰拳）、巴西武术（柔术）等。为什么每个民族都有其民族归属的搏斗技？这些不同民族的搏斗技始终无疑是和其民族原始由来绑定在一起的，不同民族搏斗技特质的区别正是由于各民族文化起源环境、历程及民族本身生存方式等原因的不同，是这些民族历史的不同、环境的不同成就了不同的民族历史文化。但是唯有一点应该是确定不疑的，那就是各民族武术的缘起，远古条件的残酷使得没有哪个民族可以躲避人类原始生存问题的艰辛。对此，布雷斯特德指出："毫无疑问，正是生存斗争将人类引上文明之途的……对于人类早期的进化历程我们知道的并不多。但是，通过今天发现的那时的工具和用品，我们可以推知当时他们所处的地理环境和野蛮状态。"①

所以，不同民族的"武术"之根只能通过人类原始的生存需求来解释，不同的民族历史文化都有自己的孕育环境与演进历程。尽管今天的文化学研究者还主张"独立发生说"和"文化传播论"，其中文化传播论者主张文化传播没有空间的限制，他们相信文化类似是传播的结果，但他们并不坚持世界上所有的文化来自一个中心。因此，对于不同民族武术的存在，我们必须从文化起源上来透视。不同的自然环境孕育了不同的种族与民族，无论环境的差异有多大，无论远古种族的区别有多大，生存是第一位的需求，这是任何种族置身任何环境都不可逃避的问题。生存问题解决方式的差异带来了文化原始的不同，或许在功能上，人类祖先采取的手段具有共性，但具体到手段的方式运用上，因生存状态的区别必然呈现不同，如生活在山地可能较多利用石器、生活在森林会多用木棒、生活在草原可能更善于奔跑……这一切必然导致原始人在猎杀取材、躲避危险保护自己等情况下采取的原始技能、方式的不同，这就是陈序经所说的，"从历史的积累来看，我们可以说无论哪一个部落，或哪一个民族都有其文化"②。不同民族武术技能的呈现有别不是短时期的人为改造形成的，从文化的源始与人类的起源来看，是文化的原始之初与成形的历史原因让虽然功能近似但方式细节迥然的搏斗技能在人类文化丰腴的今天异彩纷呈。这也正如马克思、恩格斯所说的那样，"任何历史记载都应当从这些自然基础及他们在历史过程中由于人们的活动而发生的变更出发"③。

文化的原始萌动促生了人类始祖的出现，而人类始祖在历史上登台的同时也催化了人类文化的演进之路，换言之，人类创造了文化，文化成就了人类。在文化与人类相拥步入历史正轨之后，对自然的利用与改造已显

---

① 陈序经：《文化学概观》，中国人民大学出版社，2005，第19页。
② 陈序经：《文化学概观》，中国人民大学出版社，2005，第125页。
③ 马克思、恩格斯：《马克思 恩格斯全集》第三卷，人民出版社，1960，第23页。

见非自然界中其他任何物种可为，这就是人类文化的能量。但是，人类远祖之时，文化萌动的艰难使得人类史前史的延伸远远超过人类文明史，人类进入绝对文明的时限至少目前研究还远不过万年，相比人类文化出现的历史还是有点遥不可及，人类文化的历史现也确证超过百万年。在人类与文化确现的百万年前，文化的萌动遥遥无期。我们姑且不管人类文化的萌发与演进的历史，在文化萌动的初期，人类始祖的需求是极其简单的，今天我们在谈及人类的生活时离不开人类的基本需求，即衣食住行，这和人类原始之初不存在可比性，在生存的需求上人类始祖也只能依靠生理欲求。马斯洛的需要层次论早已把人类的需求澄清得十分透彻，其中在人类众多层次的需求中，水与食物是仅次于呼吸的重要需求，这也是一般动物难以脱离的需求之最。在人类原始之初，食物之需在自然界的生存中显得至关重要，这远不像我们今天对这个问题解决得这么容易。取食于自然是人类原始之初生存的必经之路，以植物为食材的情况几乎不存在取食风险，但是远古食材的匮乏仅植物是不可能满足人类始祖的生存需求的，转向猎食动物曾无疑是人类求存的无奈与必要，猎食动物把人类进化到了今天的动植物共取的杂食状况。

面向动物的猎食大大增加了人类取食的难度，有时远古人类为了生存不得不冒着生死危险去猎杀一些大型动物。猎杀大型动物要依靠人类的智慧、团体作战等，更离不了人类单个成员的肢体运用能力。如布雷斯特德所述，"如果我们沿着人类历史长河继续上溯，我们就会发现，那时的人类不过是比和他们生活在同一时期的较高级的动物稍强一些的野人而已，那时他们同样仅凭赤手空拳保护自己，觅食充饥""野蛮人面对其他动物从赤手空拳发展到用石器搏击，所有的野兽都是他们的对头"。① 远古文化的延续是不存在传承之说的，只能靠遗传和同代模仿，也恰恰因为这些因素，人类从原始之初逐步积累了猎杀能力，从简单的肢体挥舞逐步发展到对自然利器的运用，再到后来的天然利器加工，这就是人类文化的创造与进步，这种文化的创造让

① J. H. 布雷斯特德：《文明的征程》，李静新、周惠来译，陕西师范大学出版社，2007，第 2 页。

武术的远古基因深深在史前植根。我们不要小看了数百万年前的某次人类行为或猎杀行动，即使是我们今天可以忽略不计的原始肢体动作也可能是武术文化基因的初创。或许那时人类在徒手之时仅限于抓咬撕扯，类似于今天的一些灵长类，但没有远古的"一抓"或"一扯"等行为，也就没有人类文明后期的复杂技能。也不要小看了原始木棒的挥舞、原始石球的扔抛，没有这些简单的原始"扔""抛""刺""扎""砸"等动作，我们可以断言不可能有后来驰骋冷兵器的辉煌历史，这就是文化原始下武术植根的历史基因。

美国社会学家沃德（Ward）认为，欲望是社会发生发展的原动力。他认为文化是人类的成绩，人类的成绩由欲望而来，欲望是社会原动力也是文化原动力。按照达尔文的生物进化论，欲望不仅仅是人的天性，也是生物界进化普遍存在的基础，植物求生的欲望会使其根系促生并尽可能延伸，动物的欲望更会促使其出现各种明显的活动或企图。文化的出现起源于人类始祖有别于一般动物欲望的对人类智慧的发挥，这种发挥在远古人类身上受遗传基因的传导与类群共生的模仿的影响不断递进与演化，把远古人类从动物界中促生出来使其成为坐拥自然的主人，并使人类文化的能量不断在自然界推进。对于欲望的作用，弗洛伊德认为，人的"性力"是人生的内驱力，它构成了人生的原始欲望和内驱力，也是文化创造的内在推动力。性激素掌控下的欲望即使在文明高度发达的今天也依然是人类高阶进化的动力，这种力量始终是人类进化的主导要素。

"优胜劣汰"是生物进化的普遍准则，这一准则1859年达尔文在《物种起源》中已经阐述得非常透彻。作为天才的生物学进化学家，达尔文的生物进化论今天不仅仅为世界叹服，其被人类的历史验证也充分解释了人类始祖由来的历史征程。对于欲望之下人类同类的冲突与争斗我们也可从《物种起源》中得到验证。《物种起源》系统地阐述了达尔文的进化学说，其中他的学说"自然选择"的核心原理大意如下，"生物都有繁殖过剩的倾向，而生存空间和食物是有限的，所以生物必须为生存而斗争"。

对于生物繁殖的权利我们也不难接受"优胜劣汰"准则，而这一准则在动物界的实施我们今天也是能很容易目睹到的。达尔文的进化论告诉我们千百万年来正是这一准则的效应使得我们有了今天的大自然，我们人类面对这一准则也是受益者。我们用现代比较庸俗的例子可以说明这一问题，有能力把生存问题解决得很简单的人自然在物质方面相对比较富有一些，这类人也能够很轻松地获得配偶并在后代的延续上也较有物质保障，而自身生存都成问题的人获取配偶的难度较大，对于后代的延续在物质条件方面也比较薄弱。人类在欲望支配下对于配偶的争夺在进入绝对文明史代的数千年来早已被法规和道义限定。即使这样，近百年来，我们依然还能听说为争夺配偶而出现的决斗现象。

人类远祖的生存如以上所述，也如达尔文《物种起源》核心原理的论述"必须为生存而斗争"，这种斗争的最残酷的存在我们不得不说是对配偶的争夺。人类始祖从动物界脱离得不久使得人类身上的那种自然野性还稍有存在，这种野性在某些条件恶劣、同类相争惨烈的时候显现得极为明显，配偶争夺是生物进化不可脱逃的规则，也是生物进化力量的由来，这时候文化已近乎无能为力，所呈现的是物竞天择、适者生存下自然赋予的动物本能欲望，所以我们从今天一般动物身上可以了解到欲望支配之下配偶争夺的无情与惨烈。原始人类出现这一情况自然不可避免，人类的智慧和能力在这种情况下彻底沦为本能欲望支配下进行的争斗撕拼。沃德指出，欲望是人类的主要意志，也是社会文化推进的原始动力。在当时的恶劣生存环境下，除了人与动物之间的异类猎杀，人类之间的同类搏杀也同样难免。首先，人类原始之初文化的最早萌动已使人与动物的生存有别，但人类文化的幼稚与原始还不能让人与文明彻底相拥，这使得人类在远古早期对于配偶的争夺惨烈异常。《吕氏春秋·恃君览·恃君》记载，"昔太古尝无君矣，其民聚生群处，知母不知父，无亲戚兄弟夫妻男女之别，无上下长幼之道"。①《管子·君臣下》云："古者未有君臣上下之别，未有夫妇妃匹之合，兽处群居，以力相征。"可见，在远古文明的简劣下配偶争夺只能"以力相征"。

生物种群的延续必须遵循"优胜劣汰"的自然法则，这是任何生物都无法逃脱的法则，也是自然进化的必由之路。这一法则在动物身上所呈现

---

① 吕不韦：《吕氏春秋》，北方文艺出版社，2014，第24页。

的血腥厮杀我们早已熟视无睹，即使在人类文明的数千年历史进程中，人类间的征战亦是连连不断，这种人类的同类争斗搏杀在远古之初的野蛮与冷血更让自然界中这一高等动物的征服欲望与肢体能量尽显无遗，特别是受性激素的支配，在文明未始、文化柔弱的人类初期，人类间原始搏杀的惨烈可能会远远超出我们今天的想象。优胜劣汰的自然准则也恰恰是弱肉强食的另一种写照，对于自然具有普适性的法则任何生物都无法抗拒，对于能够给予自然无以复加的影响的高等动物——人类来说，这一自然准则的实施比任何其他生物更加明显。因此，人类面对此情此景在无任何外力借助或援助时只能是任由欲望操控肢体进行本能的"撕、抓、咬、扯"。就是这些简单的本能性肢体动作在人类原始之初开始上演身体文化的本源性初创，也恰如刘峻骧在《东方人体文化》中所述："本能机制、仿生机制是东方人体文化肇端的基础……自卫本能的升华和攻防技术的积累是人类武技产生的根本依据，中华武术自然也是如此。"

中国武术历经中华民族几千年冷兵器文明史，搏杀与技击的身体文化特性被近代军事发展尘封进历史，但是武术缘起的搏杀特质始终是其历史传承的文化核心。人类之初简单的撕扯抓咬恰恰是今日武术文化之原始跬步，我们不能因为这些技能动作的原始性和本能性就怀疑其文化属性，对文化的原始初创，陈序经先生曾有此论述："原来人类既是文化的动物，他们必定具有创造文化的能力。他们既有了创造文化的力量，那么人类在最初的时期所创造的文化，也许很为简单，也许很为低劣，然而简单与低劣只是程度的问题，而非完全没有文化。"①

中国武术文化浩瀚恰恰是历史的积累，如同人类其他历史文化形式一样是人类进化、社会进步促生的。人类是文化的母体，文化是人类的导师，特别是对于中国武术这一特殊民族历史人体文化、技击文化来说，虽然今天科学的发展让历史文化改道，武术给时代让路勉为其难，至于在中国存在不过百余年的西方体育，中国武术的历史缘起与文化要义是以娱乐为主的西方体育不可相提并论的。所以，对于中国武术今天丰厚博大的内涵的认识必须溯

---

① 陈序经：《文化学概观》，中国人民大学出版社，2005，第35页。

源至这一历史文化与民族起始之初的根因。人类由普通动物源发进化至高等动物，自然选择下人类优势的存在正是人类文化萌动与促生的，中国武术的原始恰恰根植于中华祖先在恶劣生存环境下逐步激发的智慧发挥和人体技能的运用，这种运用的目的也就是笔者以上所述的内容。简单来说，可以用《中国武术史》所提及的几个方面略做概括：①原始人群之间为争夺食物发生争斗；②为领地发生争斗；③为配偶发生争斗。笔者在此再略做扩充与总结：①异类之斗（这包括人类与任何野兽之间的搏斗，不管是源于人类猎杀取食还是防护自卫）；②同类之争（因食物、配偶、领地等原因造成的人与人之间的搏斗厮杀，包括群体和个体）。

第四节　原始文化推动下的武术器械萌发

人类文化的萌动与演进是与人类历史同步的，这种历史时限是一个极其漫长的过程，据人类学和考古学研究约有 300 万年。对于人与文化的同步相随，就如有的学者所说，"人是文化动物，人与动物的根本区别在于它的文化性"。

其中，南方古猿（纤细种）是迄今为止考古发现的最早的人类文化。恩格斯在《劳动在从猿到人转变过程中的作用》中把由猿到人的进化史分为三个阶段，即"攀树的猿群""正在形成中的人""完全形成的人"。对于"完全形成的人"，中国古人类学家又分为四个阶段，即早期猿人、晚期猿人、早期智人、晚期智人。早期猿人的最早发现为中国学者于 1959 年在山西芮城西侯度村附近发现的旧石器时代早期的人类文化遗迹，这是中国目前所知最早的旧石器人类文化遗存。1961—1962 年进行了两次考古挖掘研究，古地磁断代初步测定西侯度文化距今约 180 万年，这是中国原始文化的最早发现。在西侯度文化遗存中发现的器类有砍斫器、刮削器和三棱大尖状器等，对于此类原始早期的石器专家也只能从外形到功能的推测中进行粗略研究。在 180 万年前的人类旧石器文化时期，砍斫器、刮削器和三棱大尖状器等石质利器难免不是被用作猎杀工具和搏斗武器的。对于中国远古文化在人

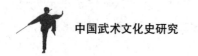
类旧石器时代所呈现的武器使用，在西侯度文化遗址发现后的元谋人考古研究中又有了进一步的突破。

元谋人考古出土的石器是中华民族远古祖先征服自然、改造自然的武器，是原始文化进一步萌生推动的产物，这些元谋人使用的石器原料为脉石英，其中有类似西侯度人使用的刮削器、尖状器等。此外，对发现的细石器材料进行研究发现，有些刮削器带有很多较深的凹口，这些石器被考古学家推测是用来加工箭杆、骨针等物的器具，这在很大程度上说明了中国最早使用弓箭的时代距今至少 170 万年。对于弓箭的使用，目前考古学家把弓箭看作中石器时代的标志性特征，摩尔根认为弓箭的发明是蒙昧时代高级阶段开始的标志。如果说在对元谋人的考古研究中对于弓箭的使用还只能是一种推测，那么山西朔县峙峪文化考古则证实中国古人至少在旧石器晚期已成功运用了弓箭。在峙峪村遗址考古中，发现了一件原料为燧石的锋利尖壮石器，考古学家认为除把它鉴定为石镞外，没有别的方法可以解释它。石镞是用薄而长的碎石石片制成的，一头有很锋利的尖，一侧边缘经过很精细的加工，另一侧保持了石片原来的锋利边缘，另一头的两侧经过修理变得较为狭窄，在外形上与内蒙古细石器文化时期的石镞近似。这是中国考古界在旧石器时代发现的较早的一件石镞，而后在山西省沁水县下川遗址中发现了 13 件石镞，其年代距今 1.6 万～ 2.3 万年。

恩格斯对于弓箭的使用曾有此描述，"弓、弦、箭已经是很复杂的工具了，发明这些工具需要有长期积累的经验和比较发达的智力，因而也要同时熟悉其他许多发明，弓箭对于蒙昧时代，正如铁剑对于野蛮时代及枪炮对于文明时代一样，乃是决定性的武器"。尽管这种弓箭原始粗简，然而相比人类完整文明不过万年的历史，它的久远不得不令人惊叹。弓箭步入历史无疑是自然向人类的慷慨馈赠，对这种冷兵器的运用并非仅限于某个民族，翻开人类学和世界史会轻易发现弓箭在冷兵器文化史上纵横驰骋的足迹几乎遍布世界各个民族。恩格斯说："由于有了弓箭，猎物便成了日常的食物，而打猎也成了普通的劳动之一。"弓箭在冷兵器家族的地位也恰如恩格斯所述，它的历史呈现给人类文化史注入了重重一笔。

中国当代著名的评书表演艺术家在谈及冷兵器时代弓箭的威慑时常用如下描述"中国古代大将不怕千军，就怕寸铁"，这指的是身为大将能征惯战面对千军万马无所畏惧，但是弓箭的确是令他们头疼的武器，这里的寸铁指的就是弓箭的箭头。在旧石器考古研究中只有石镞的发现，因为弓和箭杆的材质一般是木质，易腐不可能保存几万年。《易传·系辞传下》有"弦木为弧，剡木为矢"。弧，就是木制成的弓；矢，就是箭的古称。在发现石质箭头以后，陆续发现了一些石、骨、蚌壳、陶质等不同材料且大都经过磨制、形状多样的箭头。并且，弓箭的使用被证实不仅用来狩猎，而且是人类搏斗厮杀的重要武器。

在江苏邳州大墩子遗址中，一具成年男子的股骨被一枚骨镞深射进去达 2.7 厘米，至今那枚折断的骨制箭镞残段仍然嵌留在距今约 5600 年的遗骨上。山西襄汾陶寺遗址有一座圆角长方形竖穴大墓，从墓壁根挖出壁龛 11 个，除分别放置肉食外，还有礼器和实用器，其中南三龛出骨镞 1 枚，墓室的东壁立置彩漆柄玉石钺 5 件、玉戚 1 件，南壁又摆放漆杆 1 根、木弓 2 张、箭箙 1 个、内装骨镞 7 组。再如，河南安阳殷墟西区 M43 车马坑，车舆内也发现一箭函，圆筒形，平底，似皮革制，残长 56 厘米，直径 7 厘米，厚 0.5 厘米，内装铜镞 10 枚，镞锋向下，箭杆已朽，箭铤部留有绳索痕。布雷斯特德在《文明的征程》中说："早期的野蛮人在为生存而奋斗着，他们努力寻找着一切可食用的东西，主要是树根、种子。他们极为机警，常常侧耳静听周围的动静，随时准备用粗制的木棒将出现在面前的猎物打翻——我们完全可以相信，他们在森林中是用树枝木棒做武器的。"《商君书·画策》记载，"昔者昊英之世，以代木杀兽，人民少而木兽多"[1]；《吕氏春秋·孟秋纪·荡兵》同样也有类似的叙述，"未有蚩尤之时，民固剥林木以战矣，胜者为长"[2]；《淮南子·览冥训》也讲，"猛兽食颛民，鸷鸟攫老弱"[3]；《淮南子·本经训》记载，"封豨、修蛇皆为民害"[4]；《韩非子·五蠹》也讲，"人

---

① 石磊注译《商君书》，中华书局，2009，第 79 页。

② 吕不韦：《吕氏春秋》，北方文艺出版社，2014，第 74 页。

③ 许匡一译注《淮南子全译》，贵州人民出版社，1993，第 350 页。

④ 同上书，第 423 页。

民少而禽兽众"①。所有这一切记载与描述道出了人类原始祖先生存的艰险，现代远古文化研究者李微微在《文化之源》中有这样一段描述："由于肉食动物的稀少，草食动物大量繁殖而失去节制，生态环境遭到破坏。这样草地的破坏导致了草食动物的锐减，人类觅食的困境出现了，这时猎马人的生活是艰难困苦的，他们不仅要与风、雪、雨、水做斗争，还遭受着疾病与饥饿的折磨，因此，死亡时刻在威胁着他们的生命。根据发掘出的猎马人化石材料，从骨缝的愈合程度和牙齿萌出及磨损程度判断，他们的生命大都较短，平均年龄只有 20 岁左右。"②

　　不管今天的研究把人类原始推向何时，人类的始祖在远古之日的艰难求存有可能超越我们现有的想象。"民以食为天"，这对于我们今天的人类来说再熟悉不过了，可见原始之初人类基本生存问题的艰难。英国社会人类学家马林诺夫斯基在《科学的文化理论》(A Scientific Theory of Culture)中指出，"文化在其最初时，以及伴随其在整个进化过程中所起的根本作用，首先在于满足人类最基本的需要"。基于人类生存的苛求之需，原始武器的萌发与改进不断在人类历史早期进行文化演绎。弓箭的出现无疑对整个中华文明，乃至对人类文明来说是巨大的贡献，在使用弓箭之前，我们的远古祖先对狩猎武器的运用早已步入中华民族文化史。

　　1978 年，我国考古学家在陕西渭南大荔县甜水沟发现了距今 20 万年左右的大荔人文化遗迹。大荔人使用的原始器具有单刃砍切器、多刃砍切器、三棱尖状器、小型尖状器、刮削器、石球等。其中，在许家窑遗址出土了1000 余件石球，石球重量为 80 ～ 2000 克，这些石球被打磨得匀称滚圆，被考证是大荔人当时狩猎的重要器具。以往旧石器时代的考古研究中所发现的各种石质利器基本都被看作生活猎食的工具，这些石质利器及原始弓箭可以用作猎杀的工具以解决人类生存之需是不可否认的，而正因为原始人类生存条件的恶劣才给原始人类文化的进化注入了动因。猎杀取食是我们远古祖先求存的必需之道，在这种情况下，人类的征杀能力已远超出一般动物，文化

---

① 张觉译注《韩非子全译》，贵州人民出版社，1992，第 1025 页。
② 李薇薇编《文化之源》，中国友谊出版公司，2006，第 18 页。

萌发下用石质工具猎杀满足了人类基本的生存需求，则原始人类必然会把搏杀的能力用于类似配偶争夺的冲突中，所以我国考古挖掘的各种石质利器逐步发展演变为各种冷兵器时代的青铜、铁质兵器。《越绝书·卷十一》中战国人风胡子对时代的划分用兵器的演进做了如下标志："轩辕、神农、赫胥之时，以石为兵""黄帝之时，以玉为兵""禹穴之时，以铜为兵""当此之时，作铁兵"。[①]

据考古学、人类学等多方面的研究，在远古时期，人类的取食以采集和渔猎为主，在猎食方面以小型动物如野鹿、野羊等零危险性温和食草类为主，这类动物对人类几乎不存在什么猎食风险，但是如笔者在前所述，远古生存的艰辛使人类不可能永远避及对人类有着极大危险的能取人猎食的猛兽。在动物界，多少万年以来，狮子能称霸草原、老虎可笑傲山林，所依靠的就是"伶牙俐齿"的凶猛无敌，但是在人类面前，狮子老虎再凶猛也均未能成为掌控自然的主人，原因自不必多说，人类凭借智慧和勇敢在很多情况下能够直面一些大型猛兽，甚至生存的需要迫使他们直接同一些猛兽斗杀。在对蓝田猿人（距今65万～115万年）的考古挖掘中，与蓝田猿人相伴的动物群有41种，包括剑齿象、剑齿虎等大型猛兽。在对170万年前的元谋人的考古中，可以发现泥河湾剑齿虎、中国犀、剑齿象、古乳齿象等。在大型猛兽面前，任何动物的生存本能都不会愚蠢到使他们以卵击石，人类的智慧运用之一就在于对武器的使用。对于人类使用武器与大型猛兽的斗杀，布雷斯特德曾说，"人类拥有了真正的石质工具，用它对付周围的巨兽，这也正是他们生存繁衍下来的根本原因"。远古石器的考古挖掘除上述几处外，比较典型的还有蓝田猿人和泥河湾遗址群等，1963年在陕西蓝田县发现了蓝田猿人遗址，出土石器有大尖状器、大型多边砍砸器、中小型多变砍砸器、单边砍砸器，刮削器、石球等。在出土石器中最引人瞩目的是手斧，在蓝田手斧出土以前，考古界认为手斧这种石器是欧洲旧石器早期的文化特色。无独有偶，在1935年的河北阳原盆地河湾遗址群考古中，法国考古学家步日耶（Breuil）在泥河湾发现了一件古人类"手斧"。对于类似手斧的石器现象，布雷斯特德在对欧

---

① 李步嘉：《越绝书校释》，中华书局，2013，第303页。

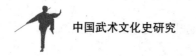
洲人的进化进行研究时曾指出："史前欧洲的野蛮人过着朝不保夕的生活，他们的生活极不稳定，并且充满危险，大批人因此而死去，剩下的人仍在不断繁衍、生长。在生活和劳动中，他们逐步改造粗陋的拳斧，以使其更为完善。可以肯定他们还制作过木头工具，只是这些木质工具早已腐烂消失了。"布雷斯特德所提的拳斧和中国考古发掘的手斧应是远古人类比较称手的石质工具和武器，基本形状类似于今天的斧头。

通过对远古时代人类使用石器的考古研究我们不难发现，在人类原始之初（一般的人类远古文化研究者称其为旧石器时代，也有人称其为早石器时期），人类所使用的石质利器常见如下几种，即单刃石器（或称单边，下同）、双刃石器、三刃石器、多刃石器、锥形石器、球形石器等。这些石器据考古鉴定基本是经过人为加工过的，非纯正的自然石器，一般的文化学和考古学研究更多地把这些经过粗略加工，以打制为主的石器定性为生活用具，其实通过人类远古的进化及生存状况的研究我们不难发现，人类原始之初是很难谈得上生活如何的，用生存来描述可能更严谨，也如布雷斯特德所说，"在漫长的历史长河中，人类的生存能力一个阶段又一个阶段的不断增长，这种增长是在严酷的自然界中与严酷的生存环境顽强斗争后实现的，人类生存能力的提高，最终使人成了第一种，也是唯一一种能制造工具的动物"。

因此，把以上不同形式的石器认定为生活用具可能会是对远古武器研究的误读，对此我们还可从以下几个方面来探讨一下它们是生活用具还是远古武器的界定。首先，人类在艰难生存时是很难有生活文化萌发的，而艰难的生存状况使原始人必须竭尽全力解决取食和不被猎食的问题。其次，如此众多形式不一的石质利器在远古茹毛饮血的时代是不可能区分出用途不一的多项功能的。再次，如是用作生活用具，石器的刃面无须多面，即使在生活极度高端的当今社会，我们生活中所使用的利器也是以单刃为主，利刃多面化更不方便使用。最后，一个很简单的问题就是石器的刃面越多，其攻击能力、杀伤力越强，尤其是扔抛使用时。通过以上简单总结，我们可以有理由地把人类旧石器时代的多种石质利器定性为人类原始石质武器。

尽管人类对这些石器使用的方式可能比较原始单一，但是如果没有这些最初的石质利器，也不一定会有人类后期的文明传承、历史演进及中国武术的冷兵器征程。或许我们可以换句话说，这些石质利器就是人类后来青铜兵器的初构原型。如果有人对以上所述存在异议，我们再来探讨一下弓箭的出现。弓箭是人类用来猎杀的武器，这一点恐怕不会再有人怀疑，它对人类生存发展及人类文化的价值，泰戈尔、马克思等早已给出结论。弓箭比任何形状的石质利器都复杂得多，恩格斯对它形成的漫长过程的描述在此也无须重复引证。其实，不仅弓箭的弓、弦、箭复杂的构成需要历史的凝思和文化的沉淀才能形成，远古人类任何利器的出现都无疑必须有个漫长的文化演进过程，这种漫长与迟缓还远不能与人类进入纯正文明的时代相比，蒙昧、野蛮的人类进化的煎熬是人类文化初成的苦旅。因此，从石质利器到青铜兵器的使用也是必须经历历史历练的，而且在人类旧石器时代的石质武器之后应该还有一个木质利器及木石并用的武器时代。

第五节　人类远古武器演进与武术文化粗显延伸

人类从自然界中站立起来后，上肢的功能开始无限延伸，这是人类历史演进具有决定意义的一步，而且时至今日自然界中没有任何生物能像人类一样。人体的支撑仅需二分之一的肢体，另外二分之一肢体行使独立复杂的功能，这些功能的外化即是人类原始文化的塑构，上肢功能的不断延伸推动了人类的进化和文化的延展。手的形成的巨大影响及其决定性意义我们参考恩格斯的论断："人类完成了具有决定意义的一步""手变得自由了""能够不断获得新的技巧，而这样获得的较大的灵活性便遗传下来，一代一代地增加着"。[1] 手的形成为人类从自然条件下获取武器猎取食物、抗击外来侵害奠定了基础。人类在武器使用上，在旧石器时代使用的是经过人类加工过的简陋石器，而人类的考古研究对原始武器的验证只能从人类的加工痕迹起步，对于旧石器时代之前的无加工石器使用的时代考古研究是很难确定的。但是，

---

[1] 恩格斯：《自然辩证法》，载中共中央马克思恩格斯列宁斯大林著作编译局编《马克思恩格斯选集》第三卷，人民出版社，1972，第509页。

人类对于武器的早期使用显然不可能开始于对石器的加工使用，在那之前对原始未加工石器的运用是必要的一段进化经历。在原始石器运用之后逐步出现了加工石器的运用，这些石器经过原始磨制、打制之后出现了较原有形态更锋利的刃面，这些加工石器为人类的生存进一步增添了巨大能量，其坚硬的石体、锋利的刃面很显然是远古人类得力的武器。从众多的旧石器时代考古挖掘中出现的形制不一、刃面多样的石器来看，这些石质武器的使用如出一辙，说明这些石器对于当时人类生存的巨大价值。据目前的研究，人类彻底从自然界中站立起来并手脚分工，大约始于300万年以前，这说明人类开始利用自然石质武器的时间应在300万年前左右。有的学者认为，人类手脚的分工即代表了人造工具的出现，应该说人造工具的使用是建立在取材天然的基础之上的，没有使用天然工具的经历是不可能直接迸发人造工具的文化创构的。

人类在旧石器时代有了石质利刃的使用，它们为人类向自然征杀增添了无穷的力量。石质利器由于其自身特点，在尺寸上使用受限，只能局限于一些小尺寸利器的打制、磨制等，而武器的使用性能特点是，在可利用尺寸限度内，尺寸越大攻击价值、避险价值越大，石质的特性就使得石质武器难以延伸使用。相比之下，木质武器可以延伸出石质武器难以具备的使用价值，因此木棒、木矛等木质武器在石质利器加工下应运而生。木质武器相比石质武器，人类的文化加工元素更浓，旧石器时代的石质武器是在自然天成的基础上粗略加工，而木质武器是借助于石质工具对自然器材二次加工而成。所以，人类在武器使用上，在旧石器时代后应有一个木器时代。西藏的珞巴族在采集狩猎时使用的主要是木质器械，如尖木棒、木质鹤嘴锄等；大兴安岭的鄂伦春族、鄂温克族使用尖木棒、木构采集野果野菜；四川的黎族把木器、竹器作为生产生活中不可缺少的工具。关于远古人类木质武器的使用，古籍也有记载，《商君书·画策》中有"昔者昊英之世，以代木杀兽，人民少而木兽多"[1]，《吕氏春秋·孟秋纪·荡兵》也讲"未有蚩尤之时，民固剥林

---

[1] 石磊注译《商君书》，中华书局，2009，第53页。

木以战矣"①。当人类发现木质武器可以克服石质武器的尺寸所限时，便开始了对木质武器的大量使用。在经历了木质武器的使用过后，他们发现了木质武器不及石质武器硬度的缺点，人类的智慧便把木石结合使用，在木质器材远端加上石质武器以便达到新的理想击杀效能。这就是人类武器早期使用的木质武器、木石混用武器的时代，这样的时代一直延伸到金属武器的诞生。只不过木质武器不像石质武器耐保存，较易腐蚀，所以今天很难在考古中发掘远古木质武器或木石混用武器。

---

① 吕不韦：《吕氏春秋》，北方文艺出版社，2014，第 74 页。

第二章　中国武术文化的开端 —— 夏朝篇

第一节　王朝初成与政权维护中的远古武术因子

　　如果说对于三皇五帝时代的历史真貌目前人们还处于模糊探究之中，中国古代社会第一个集权制王朝 —— 夏的建立则已为越来越多的史料证实。夏作为中国历史上第一个王朝，在经历了半个世纪左右的考证辩驳后已是确证无疑。比如《太平御览·皇王部·卷七》引《竹书纪年》有"自禹至桀十七世，有王与，无王用，岁四百七十一年"。《史记·十二本纪·夏本纪》中有记载："夏后帝启，禹之子，其母涂山氏之女也。……夏后帝启崩，子帝太康立。……太康崩，弟中康立，是为帝中康。……中康崩，子帝相立。帝相崩，子帝少康立。帝少康崩，子帝予立。帝予崩，子帝槐立。帝槐崩，子帝芒立。帝芒崩，子帝泄立。帝泄崩，子帝不降立。帝不降崩，弟帝扃立。帝扃崩，子帝廑立。帝廑崩，立帝不降之子孔甲，是为帝孔甲。……孔甲崩，子帝皋立。帝皋崩，子帝发立。帝发崩，子帝履癸立，是为桀。"① 夏的建立不仅开启了中国古代的帝制时期，也是中国氏族制时代转入奴隶制社会的开始，表明中国远古社会进入阶级社会时代。人类文化的发展使得人类对自然抗衡的能力不断增强，物质财富的不断剩余进一步膨胀了人的私欲与占有欲望，这种欲望的满足必须凭借强制性的手段强迫他人让位与应允。

　　氏族的共有时代转为私有独占是社会财富分配的极大转折，这种转折和极少数人的欲望的实现必须以暴力强迫他人就范为前提，暴力的集结与掌控促成了王朝初现的必然，社会就在占有、剥夺与对抗中出现了阶级对立，这种对立是极为裸露与凶残的。"夏朝的建立，是社会长期发展的必然结果，启变选举为世袭，变传贤为传子，反映出私有观念的极度膨胀，启以个人意

---

① 司马迁：《史记》，中华书局，2006，第10页。

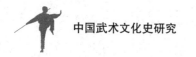

志代替人民意志，说明公共权力已经被私人垄断，用暴力处理问题的方式，标志着氏族制度向专制国家的转化开始。自此，中国家天下的奴隶制社会出现了。军队、官吏、监狱成为国家的暴力工具，镇压一切敢于造反的异己力量。"①

夏朝作为中国历史的第一个王朝，是社会的存在状态由氏族时代转变为奴隶制时代的代表，这种转折是巨大的，所依靠的就是权力的集结和武力的掌控，同时社会财富被剥夺与被压制者也必然要反抗，这种占有与剥夺、压制与反抗从夏朝初建始充斥着整个奴隶制时代。尤其是夏朝开始从氏族的共有转为少数人私有，这种财富分配的转变是极其巨大的，这种巨大转变的社会性接受必然以人类的血性争斗为条件。对此恩格斯曾指出："由于国家是从控制阶级对立的需要中产生的，同时又是在这些阶级的冲突中产生的，所以它照例是最强大的、在经济上占统治地位的阶级的国家，这个阶级借助于国家而在政治上也成为占统治地位的阶级，因而获得了镇压和剥削被压迫阶级的新手段。"②

夏朝王权的维护让军队与政权联手走上历史舞台，奴隶主与奴隶间的阶级对抗使武斗充斥着社会的角落。上古军事学研究者认为，"为了保护奴隶主贵族利益和推行专政，夏后建立了卫队式的常备军"③。

武术在伴随中华始祖走过了漫长的萌发显存与三皇时代的魅力初现后随着夏朝军队的建立开启了军旅时代的新征程。军队的建立依赖其所需的各种因素，其中远古武术技能是军队训练必有的科目，虽然我们从目前的史料研究中还很难准确地找到这类历史遗迹，但是冷兵器时代军队的功能和依靠因素都让任何借口无法否认远古武术在军队中存在的打斗效应。这种存在远远超越了我们始祖最初生存需求要求下的简单肢体挥舞，更不同于三皇五帝时代人类文明孕育的偶发性规模器械冲突，是一种新型的王权统治下服务于上

① 张维青、高毅清：《中国文化史》，山东人民出版社，2002，第99页。
② 马克思、恩格斯：《马克思恩格斯选集》第四卷，中共中央马克思恩格斯列宁斯大林著作编译局编译，人民出版社，2006，第168页。
③ 高锐：《中国上古军事史》，军事科学出版社，1995，第22页。

层政治必备的集体冷兵器作战能力。

王权的争夺与维护自从国家初现便永远与文明相伴，这种人类之间的同类征杀既是文明行进的必然也是推动人类文明进步的历史动力。自从人类告别洪荒蒙昧的史前遥期，财富与利益逐渐成为人类文明成果的支配者。武斗成为人类智慧运用下的人体能力彻底发挥的象征，特别是当权力的支配力量凸显无疑时，武术技能的打斗效能理所当然地被权利拥有者装配进为其所用的军队中。中国武术作为极其特殊的文化形态（人体文化、传统文化、技术文化、技击文化、体育文化），是人类最早出现的为数极少的与人类历史同步的文化形态之一。当武术作为一种较为完备的独立文化形态与中国古代其他传统文化于春秋时期同现历史舞台时，便出现了军旅武术与民间武术两种联系密切亦存在区别的两种形态。尤其是在中国武术经历了三皇五帝阶段器械搏斗的不断发展后，这一人体技能文化在夏初王权成立之时必然会为军队装备所青睐。

从氏族到奴隶体制的改变，是以人类文明以同类相残为代价跨进历史的，王权的缔结者最初的地位维护也肯定是极其不易的，而奴隶制到氏族制的巨大转变就是最初的政权维护造成的，绝对臣服与无条件役使是武力占有与暴力征服的结果。这都与军队等国家暴力机关的存在有着必然的联系，其中武力、武术原始打斗技能的散杂元素开始有选择地进入军队，成为服务政权、发挥军队能量的重要因素。在夏前的氏族公社阶段，人类的大规模集结性冲突与斗杀是在维护族群或是出于族群公共利益的目的，这种氏族时代的远古冲杀虽有首领带领，但参与者也基本是自愿参与的，不存在违背个人意愿在外力强迫下而不得不从事的情况。氏族成员为了共同的集体利益而自愿与首领一起充分利用人体技能实现族群愿望或达到族群目的，这种自愿非强迫性的远古集群性打斗是以个人本能性打斗能力施展为主要前提的。人类的遗传基因与学习模仿的因素虽然能够在那一时代融合为武术原始萌发的重要因素，但是人类对原始打斗技能的学习与模仿还比较疏散，虽然人类也早已发现和领略到人体技能和优势器械在人类对抗斗杀中的重要性，但是人类对原始武术技能学习传导的意识还是比较微弱的。到了夏初王朝初成的奴隶制时代，这种情况大有不同了。一方面，军队的建立不再服务于公共性集群利益而是为利益占有与追逐及权利的拥有者服务；另一方面，军队或参与集群性对抗厮杀的成员也不再是出于自愿而是在权力强迫下不得已而为之，权利的集结与占有使得搏斗技能在为权力服务的情况下在军队中的传导与散播有了条件，并且这种在强迫下进行的原始武术技能为军队的利用带来明显的对抗效应时，王权的维护与利益角逐迅速为远古武术文化在军旅中的推广扎下了根基，也使中国武术的冷兵器历史逐渐彰显出中国传统历史文化的风采。对于王朝初成政权建立，有的史学家这样描述："这个历史时期，正是国家形成，日臻完善，从无阶级社会到有阶级社会的时期，掠夺财物，争夺最高统治权，奴役其他部落和氏族，是军事首领们的正常职业。"[1]

第二节　夏开启中国军事武术的时代

夏朝在中国文明史上的社会形态跨进使军队与王朝相拥进入中国历史新的冷兵器时代，军队与政权的缔结使武术远古技能在军队中迅速布播，也就在这一时期，武术开始了军事武术与民间武术的两条路径。在夏开始之后至今4000多年的时间里，中国武术始终沿袭军事武术与民间武术两条路线，它们贯穿了整个武术文化史。对于武术文化与历史的认识，军事武术与民间武术相比，由于军事武术呈示得相对简洁与单一，民间武术纷繁复杂，社会大众多以民间武术为主要认识接受对象。但是远古武术走出萌发的史前文明阶段后，军队与政权的缔结使得武术首先踏上了军事武术的路径。而夏朝奴隶制时代的严重社会分化，民间武术的存在是艰难与稀缺的，也只有极少数的奴隶主及其子弟才有可能有机会获得武术技能的学习与传承，相比军队中的武术技能还要柔弱的多。对于古代军事武术，周伟良给了这样解释："毫无疑问，古代军事武艺是中国古代武术形成、发展的一大文化源。在冷兵器条件下，军事武艺往往表现出十分相近的功能作用和活动特点。"[2]

---

① 中国先秦史学会编《夏史论丛》，齐鲁书社，1985，第216页。

② 周伟良：《中国武术史》，高等教育出版社，2003，第5页。

在夏朝的奴隶制时代，奴隶主阶层有接受文化教育的机会与条件，而在文化不发达、文字还模糊存在的时代里，学习与教育的主要内容也就是缘起较早并且与统治阶层切身利益密切相关的武术技能教育，正如"夏到遵命，为政尚武"。武术技能的掌握关系到统治阶层的切身利益，而奴隶主各有自己的利益对象，这必然使得武术技能在他们之间的交流传播极为有限。相比之下，军队中武术技能的布播与传导是在中央集权的主宰下进行的，服务于统一的中央政权，军事武术的开展具备相对充分的条件。

温力对国家关于军事武术的推动作用曾有如下叙述："正是由于军事在国家生活中的不可替代的地位和作用，军事训练是国家行为，所以武术也就成了有国家推动，随着国家机器的运转而存在、发展的军事活动的重要的组成部分。也正因如此，无论是投入的人力、财力，还是受到的重视程度、规模和影响，其都是散存于民间的武术活动所不能同日而语的。可以认为在古代，正是因为武术是军事活动的重要组成部分，军事活动才对武术的发展起到了决定性作用，离开了古代的军事活动，我们也难以设想古代的武术会如此蓬勃发展，会如此源远流长。"[1] 从这个层面上我们可以毫不夸张地说，武术的萌发是人类生存所需，武术的进步动力是人类文明的提升与进步。中国史前文明在经历了近 300 万年的萌发后在第一个集权制社会——夏的历史登台下开启了中华文明的辉煌征程。《中华文明史》对此这样叙述："中国史前社会的文明化进程，不仅为夏商周三代社会做了准备，更重要的是还为日后中华文明的特质、性质、发展方向等方面奠定了重要基础。换言之，中华文明实为史前社会文明化的继续和发展。"[2] 夏的集权制王朝的出现催化了中华文化的远古辉煌，将中华文化推向文化丰成与加速的历史轨道，而武术作为中华文化的特有一支，伴随中华文化在夏朝的辉煌开启，在王权与军事的召唤和集结推动下更彰显出其独有的技击特色与文化魅力。

军事武术的存在相对民间来说更为简洁，但是在中央政权的强力推行下，

---

① 温力：《中国武术概论》，人民体育出版社，2005，第 248 页。

② 袁行霈、严文明、张传玺、楼宇烈主编《中华文明史》第一卷，北京大学出版社，2006，第 74 页。

特别是在王朝初成的夏朝奴隶制时代，军事武术不仅开启了中国武术进入人类文明初期的新时代，而且也为其本身的文化形态初登历史舞台拉开了序幕。在这种意义上我们不得不说，在中华文明初期（这种文明我们是以王权社会的初成为基线的），中国武术的历史登台首先是以军事武术的形式现身的。在夏朝之前的三皇五帝时期，武术技能的原始施展也多在群发性人类冲突中表现得比较明显，个体及群体对抗所利用展示的武术效能因子曾不断充斥着人类荒蛮蒙昧的阶段，因此也有笔者之前所提及的"日寻干戈""习用干戈"。但这一切因为人类所有文明的有限性，还难以开启真正的军事武术，因为没有王权的统一的强力推动，武术技能的学习与推进是苍白的，或者说对这一文化的推动还不具备相应的组织管理等历史条件。美国学者罗伯特•L. 奥康奈尔（Robert L. O'Connell，以下简称"奥康奈尔"）认为："这个时候还没有真正的军队、固定形式的战斗和固定的军事机构。这些中石器时代社群和他们的制度形式都是瞬间即逝的。他们赖以生存的食物源不可储藏、不可增加并且倾向于枯竭，对他们而言这成了一个限制因素。一个社群将会定居在鲑鱼或是贝壳类动物繁殖地周围，并且各种制度将开始逐步建立。但是在大部分上层社会建立之前，食物供给将因不能承受需求的负担，而导致这一过程的中断。所以一切都没有得到完全充分的发展，战斗也是一样。"① 也只有到了夏朝建立之后，出现了统一的中央政权，在其主宰之下有了相应的组织管理有序的军队，这才真正把军事武术推展开来。

对于军队相比民间推行武术的有利条件，温力也有如下论述："军队从来就是为某一个阶级、民族、国家的政治利益和经济利益服务的，是由某一个阶级、民族、国家组织的。尽管战争的双方可能势均力敌，有时强大的程度很不均衡，但一般说来，军队都有较为严密的组织和建制，有着坚强的领导，有着统一的指挥和行动。"② 李印东对于武术与军事武艺相互交融与活动曾说："古代武艺也分为集团规模作战的军事武艺和小团体或个人的武术活动，军事武艺是军事发展过程中的一个阶段，在冷兵器时期，古

---

① 罗伯特•L. 奥康奈尔：《兵器史》，卿劼、金马译，海南出版社，2009，第15页。
② 温力：《中国武术概论》，人民体育出版社，2005，第244页。

代军事武艺作为主要的军事手段，为集团的政治利益服务。"① 特别是在夏王朝奴隶制的早期阶段，对其兵制形态虽还不能十分明确，通过现代考古研究我们可以肯定地推测，军队对王权的无条件绝对服从远超任何时代。夏史学者黄家祥在对夏朝的奴隶制形态研究中提及："由于夏王朝是刚从原始氏族制社会脱胎出来的第一个有阶级的奴隶制国家，处于由野蛮进入文明的时代。因此，在探索中的夏文化遗存中，也还存在着不少野蛮时代的痕迹。'利用刑人，用说桎'，所谓'形人'多是战争中被俘的用来做奴隶的牺牲者。"② 这都为武术技能服务于王权政治在军队中无条件开展提供了充分条件，并且武术技能在军队中推行所带来的效果同样也增强了掌权者对这一文化的推动。

　　夏朝军事武术的出现对于中国武术文化的推动与发展具有不可替代的史学要意。周伟良在其所著《中国武术史》中关于军事武术对武术文化的推动亦有陈述："古代武术和古代军事武艺有着高度的交融互动，但又有着不同的文化属性和活动特点。从历史的源头看，军事武艺无疑是武术萌芽发展的一个主要文化源，但两者并不是对等关系。"③ 中国武术在文化形态渐成后的数千年传承中多以套路呈现，这一点如上所述是社会大众对这一文化接受的普遍问题所致。对此，我们不得不在此略微赘述中华武术的文化特质和核心架构，尽管目前武术的发展在社会与文化的双重驱动下走向了健身与表演的时代选择，但是这否定不了武术的技击核心与文化特质。套路不过是在武术发展中逐渐形成的一种传承形式，武术的缘起决定了其历史传承存在的文化基因，那就是技击。武术的文化发展与传承逐渐丰成与派生了套路、门派、功法等武术文化形态存在。在军事中，由于军队政治目的的明确性，武术的存在始终相对简洁，主要采取与利用的是其文化架构中的部分内容——器械技击。由于夏朝史代的文明初成，文字还处在模糊的符号时期，绝对有限的历史条件很难记录远古历史的本真存在，但军事学、历史学、武术学等对于远古军队建立与发展的研究都无可辩驳地证实了冷兵器时代军队成立对武

---

① 李印东：《武术释义》，北京体育大学出版社，2006，第38页。

② 中国先秦史学会编《夏史论丛》，齐鲁书社，1985，第114页。

③ 周伟良：《中国武术史》，高等教育出版社，2003，第15页。

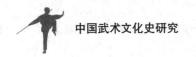

术文化的早期推动作用,这种推动虽然仅限于个体或群体间器械的简单对抗,但是没有砍、劈、击、刺等武术简单技能的长期运用与探索,也就不可能出现武术器械的逐步多样化,更不会有商周之后出现的专门的类似《庄子·杂篇·说剑》的武术技击理论。

夏朝不仅有军队的建立,同时还有带领军队训练与作战的武将的任职。虽然这方面对于夏史研究的资料不是很充分,但我们从古史资料的只言片语中也可窥见一斑。《礼记·明堂位》有这样的记载:"有虞氏官五十,夏后氏官百,殷二百,周三百。"① 这是周朝时代对于夏商周时期官职数目的粗略描述,但是从中我们也可看出上古时代官僚机构由少到多、由简单到复杂的演变过程。《尚书·夏书·甘誓》曾有"六卿""六事之人"之说,"六卿"平时是行政长官,战时是领兵的武官。郑玄注:"六卿者,六军之将。《周礼》'六军皆命卿'。则三代同矣。"詹子庆所著《夏史与夏代文明》对此这样解释:"早期国家的官僚是文武不分、官无定职的。商周以来卿事这个职务延续下来。如《尚书·微子》记微子斥责商纣王朝'卿事事事非度',其后在《尚书·洪范》中箕子也多次提到要'谋及卿事'。甲骨文中已有'卿事'一词。如'辛未王卜,在召厅佳执,其令卿事''卿事于燎北宗'。卿事是辅佐王的重要官职,是从夏朝延续下来的职位。"② 从以上描述中我们不难看出夏朝军队中武术官职的存在。对于夏朝军队中武术技能的运用,《史记·夏本纪》郑玄注曰:"左,车左;右,车右。"《诗经·鲁颂·駉之什·閟宫》中"公车千乘"句下郑玄笺云"兵车之法,左人持弓,右人持矛,中人御"③。这段描述可见夏朝军中作战的形式,如没有有素的训练这种作战形式是不容易配合和奏效的。这是一段车战的描述,车战是在步战的基础上发展起来的,车战由于人车同行,车上人员的分工不同,虽有优势但对人体机能的发挥限制较大。步战中器械的运用比车战更具有灵活性和多样性,相比之下,步战是推动器械发展中长短器械共用的主力因素。

① 胡平生、张萌译注《礼记》,中华书局,2017,第616页。

② 詹子庆:《夏史与夏代文明》,上海科学技术文献出版社,2012,第133页。

③ 袁愈荌、唐莫尧:《诗经全译》,贵州人民出版社,1992,第481页。

第三节　战争初涉文明对武术的呼唤

克劳塞维茨（Clausewitz）在其所著的军事学巨著《战争论》中对战争的定义做了如下描述："在这里，我们不打算一开始就给战争下一个冗长的政论式的定义，只打算谈谈战争的要素——搏斗。战争无非是扩大了的搏斗。如果我们想要把构成战争的无数个搏斗作为一个统一体来考虑，那么最好想象一下两个人搏斗的情况。每一方都力图用体力迫使对方服从自己的意志；他的直接目的是打垮对方，使对方不能再做任何反抗。"[①]冷兵器时代，战争就是服务于政治的群体性冷兵器搏斗，这种搏斗一般把徒手排除在外，尽可能地使用具有杀伤力的器械杀死或制服对方，使其服从自己。正因如此，在史前人类阶段，经历旧石器时代的长期萌发之后，人类文明的进步迫不及待地把铜石并用的时代推上了历史舞台。这一准则不仅仅适用于中华文明的起源与发展，任何民族文明的冷兵器初启均有此共性。中华武术经过了漫长的原始萌发时期，逐渐在生存所需的异类相斗、同类相争的孕育中得到提升，并在随后的不断发展中融进了人类文明的给养。

人类智慧与改造自然的成果逐步开启了群发性的冷兵器战争。三皇五帝时期频发的群体性冲突虽然我们还不能称其为真正意义上的战争，但是人类文明的朝向必须把原始的集结性搏斗向为政治服务的军事战争推动，这使得中华武术这一传统民族历史文化在中华文明早期，在利益的驱使、政治的噬需、军事的苦求中不断催生。现代化的战争主要靠的是现代武器的先进程度及战略战术的运用，几乎丝毫不存在士兵的冷兵器搏斗。所以，现代军事战争的发展把冷兵器时代冻结进了历史。失去了政治的庇护与战争的依靠，中国武术的冷兵器发展失去了根本性的立足点，只能顺延历史的方向。也因此，武术根始的技击特质逐渐模糊起来，清晰的只有健身与表演功能。

---

① 克劳塞维茨：《战争论》，中国人民解放军军事科学院译，解放军出版社，2004，第 169 页。

在冷兵器时代，武术的技击特质永远是战争中的主力角色，因为两军相对、阵前厮杀靠的就是双方群体性技击的施展。战争对于武术的催化作用在不同武术史版本中均有指向。比如邱丕相先生所著《中国武术史》的第一章第二节题为"原始战争推动了兵器的发展并促进了战斗技能的产生"。在第二章第一节"夏商周时期的武术"中，邱先生做了如下论述，"本章所涉及的先秦时期是指夏、商、西周至战国时期。这个历史阶段的战争频繁……'武舞'是当时的重要训练手段"[1]。此外，众多当代武术史学研究者无不把古代战争看作中国武术在人类进入文明阶段后发展的重要动因。

的确，自从人类社会进入文明阶段后，虽然人类与文明的相拥永远告别了蒙昧与原始，但是人类改造自然能力的提高所带来的物质收益加大了人类间的冲突，为财富争夺及因此而出现的政治王权、在王权支配下的战争开始不断充斥着人类历史。在人类进入文明的前期阶段，战争似乎是历史前行的根始所在。对那一时期，有关战争、军事与武术的关系，《武术理论基础》有这样一段叙述："迄今为止的一部人类文明史，同时也是一部战争史，文明的发达，始终同血与火相伴随。长达数千年的中国古代社会，由于民族内部民族之间的矛盾异常尖锐激烈，战争的频繁为世界战争史上所罕见。……战争是暴力冲突的最高形式。武术是一种暴力手段。自然而然的，人们往往便把战争、军事、武术三者紧密联系在一起来看待，甚至认为他们之间不言而喻地有着一种渊源关系。"[2]

相比原始的起源阶段，历时三百万年左右，中华始祖所运用的肢体挥舞也仅限本能性施展，而随着原始器械的运用这种本能又逐渐有了提升。在异类或同类冲突中，这种徒手或器械的挥舞在传承上始于模仿与基因所在，冲突也仅限于个体或小规模的数人所为，大规模的集结性冲突与混战是不可能存在的。而随着人类社会逐步进入文明初启的三皇五帝时期，这种情况被人类文明的进步进行了改写，众多的史前描述及史学家对史前人类文明的研究表示大规模的冲突与厮杀已经登上人类历史舞台，这一点在前述三皇五帝时

① 邱丕相主编《中国武术史》，高等教育出版社，2008，第19页。
② 全国体育院校教材委员会审定《武术理论基础》，人民体育出版社，1997，第102页。

34

期的部分中已做陈述，在此也无须重复。

在夏朝以前，或说人类进入文明状态以前，虽然人类有冲突与厮杀，甚至有了较大规模的冲突。但是没有文明派生下王权与政治的指挥与主导，我们还不能称其为战争。进入夏朝以后，人类的大规模性冲突与厮杀发生了巨大变化。对于人类早期这种规模性对抗逐渐演化为战争的动因变化和文化催化，恩格斯给出了这样的描述："古代部落对部落的战争，已经逐渐蜕变为在陆上和海上为攫取牲畜、奴隶和财宝而不断进行的抢劫，这时，年轻的国家首先就需要一支自己的军事力量，把他们编成等级：对于小规模的战争，他们充当卫队和随时可以战斗的队伍；对于大规模的征战，他们是现成的军官团。"[1]一方面，文明的进步给了人类征服自然的能力。另一方面，人类本身在优胜劣汰的进化规则面前要遭受自然进化的无情选择。自然界除了有限的天灾给人类制造小范围"灭顶之灾"，更多的是文明享益下人类繁衍的迅速扩展，自然优胜劣汰的法则只能移驾于人类同室操戈来实现人类、文明与自然的和谐共进。所以，夏朝的开始是中华文明初升的标志，更是中华先祖进入军事战争时代的开端。

对于夏初战争的出现与必然，有些史学家认为："根据司马迁等人的记载，夏后氏和有扈氏是同一个部落联盟内旗鼓相当的两个部落。此时国家正在形成，各部落的军队数量不断增加，武器日益改进，从'以玉为兵'到了'以铜为兵'，战争日渐频繁，规模无限扩大。胜利者从战争中获得的财物（包括奴隶）大量增加，不断地扩疆军事首领的权力也随之加大，争夺王权的战争就成了历史的必然，'辟土以王'则是其真实写照。"[2]

---

① 中共中央马克思恩格斯列宁斯大林著作编译局编《家庭、私有制和国家的起源》，人民出版社，1995，第46页。

② 中国先秦史学会编《夏史论丛》，齐鲁书社，1985，第217页。

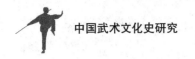

第四节　夏朝出现后文明的"武"动推进
与"武"恋文明

中国武术作为具有最为悠久的历史的中华传统文化的一部分，它的进步与发展必然与中华文明的进步密切相连，世界上没有哪一项文化能脱离文化发展的母体独自孕育成形。人类一方面不断在改造、利用自然的过程中进行有形的发现与创造，另一方面这些发现与创造又进一步为人类改造、利用自然不断提供便利，这也就是人类对文化的提升与文化的利用。中国武术作为人类文化特有的一支，它的缘起在前面已有论述，人类生存需求决定的武术基因使得这一历史文化在中华民族数千年的冷兵器发展史上永远具有不可替代的政治影响、军事价值。相比中华先祖远古的蒙昧与荒蛮，夏朝的出现是中国历史上文化发展的第一个跨越阶段，这种文化跨越发展来自第一个奴隶制王朝的建立、中国远古社会最初开始的阶层分化、私有制的确立等。人类文化的孕育往往需要较为漫长的时间，再在一定外在条件成熟或激化时开始表现出来。人类是文化的缔造者，也是文化的享益者，人类始祖远古进化的几百万年是人类文化的孕育与培养。进入三皇五帝时代以后，与武术相拥的诸多人类文化暴涨激增，如衣、食、住等生存方式的诸多变化，而这种变化和夏王朝建立后的情况相比要小得多。文化学者衣俊卿在谈到文化的存在和文化的力量时认为，在个体或社会生活的重要转折处，人们会遭遇更大的力量。[①] 人类文化的初创来自对生存中障碍的克服，这种人类克服生存中障碍的能力的不断提升也恰恰是对自然的征服与改造能力、对人类自身生存能力的不断培养。

人类在自然中的脱颖而出也恰恰是人类文化的不断孕育与创造的结果，这种能力是自然界中的独有现象。自然界中不同民族有着不同的进化耗时，这种进化快慢的根本区别是因为其本源文化的不同，如当今亚洲民族与欧美

---

① 衣俊卿：《文化哲学十五讲》，北京大学出版社，2004，第3页。

民族的不同、与非洲民族间的差异等，即使同一洲系不同国家民族也有因文化发展不同带来的诸多方面的差异。文化的力量在经历人类原始漫长的厚积之后会出现一个爆发时代，中华远古文明最早的文化爆发就出现在中华先祖所处社会的第一次史前剧变之时，那就是第一个王朝——夏王朝的出现。

在人类进入聚落时代以前，人类的史前进化是极其缓慢的，因为数量有限的个体所组成的生存群改造自然、利用自然等方面的能力也是有限的。人类进入聚落时代后，对于自然的利用与改造，对于自身能力的提升有了极大的转变，这种转变在于人类生存群体的扩大促进了智慧的凝结与利用，也就进而可以展现出更大的文化能力。马林诺夫斯基在《文化论》中曾指出："人因为要生活，永远在改变他的周围。在所有和外界重要接触的交叉点上，他创造器具，构成人工的环境。"[1] 衣俊卿在"历时态视野中的文化模式"中提出："当我们从关于文化模式的共时态研究转向历时态思考时，需要对我们的思路略加限定，因为，在关于人类文化是否呈现为一种历史进化历程的问题上，学者们有很大的争议。我们承认，作为人的本质性生存模式的文化同文化在各个时代的外在表现，即具体的文明成果相比，其变化相对缓慢，但是，如前所述，他的确在经历着变化，而且不只是渐进的量变，更重要的是深刻的转型，一种脱胎换骨式的转变。而文化的这种巨变在最深刻的意义上代表着人类社会的发展和人自身的进步。"[2] 人类文化的巨大变化昭示着人类社会的巨大进步，人类文化的跨越发展也是和人类社会的跨越登台同步呈现于历史的。夏朝的建立使国家机器在人类文化跨越发展中起到了巨大的推动作用。

人类对自然、对自身的利用改造与认识，有了新的外在驱使，那就是国家机器的强迫性。在国家机器、政治权力的强力胁迫下，人们作用于自然与社会的影响大大提高、效率明显改进，这就是文化跨越发展的来源。

中华先祖进入夏朝最初就是武力解决的结果，《竹书纪年》记载"益干

---

① 庄锡昌、顾晓鸣、顾云深等编《多维视野中的文化理论》，浙江人民出版社，1987，第6页。

② 衣俊卿：《文化哲学十五讲》，北京大学出版社，2004，第77页。

启位，启杀之"①，讲启继位禹得天下，伯益要称王被启杀死，启称天子。上海博物馆藏《楚竹书·容成氏》中说："禹有子五人，不以其子为后，见皋陶之贤也，而欲以为后。皋陶乃五让以天下之贤者，随称疾不出而死。禹于是乎让益，启于是乎攻益自取。"②《韩非子·外储说右下》中也有"古者禹死，将传天下于益，启之人因相攻益而立启"③。《战国策·燕一·燕王哙既立》也讲："禹授益而以启为吏，及老，而以启为不足任天下，传之益也。启与之党攻益而夺之天下，是禹名传天下于益，其实令启自取之。"④此外，《天问》《史记·燕召公世家》中也分别有类似记载，都说明启杀死益而夺得天下称王。在人类刚刚踏进文明之初的王朝之时，这种远古社会形态的初次登台是以武力实现的，从此冷兵器史期的更朝换代永远无法杜绝武术的魅力彰显与价值体现。夏王朝的建立使人们的社会生活状态发生了极大转变，一部分人借用手中的权力处于社会上层，而另一部分人只能处于社会下层，饱受剥削与压迫之痛。

所有这一切皆因为王朝的建立、权力的归属，而这一现象的来源是文明导控下武力的张扬，武术远古技能在人类文明初登历史的阶段尽显风头。掌权者得益于武术的利用与发挥，受压迫者也因为这一文化在与压迫者的较量中失败而处境惨痛。受益者必然进一步利用并发展这一文化，使得其能进一步为其所用、为其服务、为其带来更大享益。受压迫者也会千方百计以图在这方面有所突破，能在以后某些条件下或条件允许时给自己带来回报。这就给这一文化的发展注入了社会集结的合力。

在人类踏入文明初期的王朝时代，野蛮还是人类不能排除的特性，所以夏王朝初现后人类在社会中同类相残的程度是巨大的。奴隶主和奴隶的生存状态近乎天壤之别，《竹书纪年》中有"帝泄二十一年，加畎夷等爵命"，这是对夏朝等级制度的部分描述。夏朝统治者为了压制奴隶阶层，制定了中

---

① 倪德卫：《竹书纪年解密》，魏可钦、解芳等译，上海古籍出版社，2015，第79页。
② 马承源主编《上海博物馆藏战国楚竹书（二）》，上海古籍出版社，2002，第190页。
③ 张觉译注《韩非子全译》，贵州人民出版社，1992，第769页。
④ 刘向：《战国策》，王华宝注译，中州古籍出版社，2007，第322页。

华文明史上最早的刑法，《左传·襄公二十六年》引《夏书》云"与其杀不辜，宁失不经"①，《左传·昭公六年》云"夏有乱政而作《禹刑》"②，《左传·昭公十四年》引《夏书》云"'昏、墨、贼，杀'，皋陶之刑也"③。夏朝不仅有了刑法还设立了监狱，《史记·夏本纪》记载"乃召汤而囚之夏台，已而释之"④，司马贞在《史记索隐》中对夏台做了解释："狱名，夏曰均台。皇甫谧云'地在阳翟'是也。"从以上描述中我们不难看出夏朝初始，武力是阶级统治的依靠，夏朝建立前后，社会形态、民众生活状况的颠覆性变化皆源自王朝掌权者的武力施暴。在夏建立以前，远古社会的状况被认为是"大同""小康"两个相连的阶段。《礼记·礼运》对夏朝以前人类社会的状况做了这样描述："大道之行也，天下为公，选贤与能，讲信修睦。故人不独亲其亲，不独子其子，使老有所终，壮有所用，幼有所长，矜寡孤独废疾者，皆有所养。男有分，女有归。货恶其弃于地也，不必藏于己；力恶其不出于身也，不必为己。是故谋闭而不兴，盗窃乱贼而不作，故外户而不闭，是谓大同。"⑤夏朝的建立永远告别了人类社会的"大同"时代，社会的急剧转型必然产生巨大的矛盾冲突，人们的生活状态从"大同"到"五服"发生了巨大变化，这种急转直下的生存变化必然引发反抗与镇压的暴力冲突，这也是夏朝建立随之有了刑法、军队、监狱等国家机器的原因。

人类文明随着夏王朝的建立以新的形式登上历史舞台，这种新形式的出现，是文明进步的一种表现。文明的进步是文化合力产生的效果，没有文化的进步不可能会有物质生产的充足和剩余，没有剩余物质的出现不会有私有财产的发生，也就不会有贪欲的占有，而贪欲的积累促发了财产争夺，在这一系列情况下，权力掌控开始成为社会文明导向最终的决定因素。掌握了权力也就站在了制高点上，王权最终成形。马林诺夫斯基在从功能的角度解释文化起源和文化本质特征时曾对文化的自由内涵做出过强调，并专门论述了

---

① 孔子、左丘明：《春秋左传》，北方文艺出版社，2016，第435页。

② 同上书，第527页。

③ 同上书，第573页。

④ 司马迁：《史记》，中华书局，2006，第11页。

⑤ 晁福林：《夏商西周的社会变迁》，中国人民大学出版社，2010，第183页。

"在文化诞生和成长中的自由"。在论述中，马林诺夫斯基指出："文化在最初时及伴随其在整个进化过程中所起的根本作用，首先在于满足人类最基本的需要。这样，文化起初的含义就成了在自然界未给人类以装备的各种环境条件下的人类生存自由。"①

在生存所需条件下萌发的中国武术因子随着时代的推移不断给予人类生存自由的能量，当人的自由随着文明的急转而突发异动时，武术文化与生存自由的绑定越发明显，两种截然相反的生存群体都在为着各自的"生存自由"呼唤着武术特质功能的文化装备。夏朝王权掌控者得益于这一文化装备的发挥才有了王权的专属，从王朝建立之初他们就深悉这一文化对他们的巨大影响与作用，因此在王权确立后他们会想尽一切方法尽可能地独自享用这一文化。一方面，他们尝到了武术原始文化为其获取"生存自由"的甜头，他们需要这一文化继续为其服务；另一方面，他们显然也担心下层脱离统治者的压制与奴役重新获得生存自由。这种文化给定的能量已经超出了他们成为王权霸主之前的范围，因为他们对武术文化特质的利用使这一文化正在朝向一个新的阶段迈进。

夏王朝的缔造者既是武术原始文化的利用者也是这一文化的推动者，文明的进步是统治阶层借助自身优势可以利用各种有利条件来进一步伸张武术文化的魅力以使其更好地为他们服务。相反，在武术远古文化使用中的失利者，也就是被奴役压迫者，要想改变夏朝建立后失去的"天下大同"，也必须尊重和祈盼这一文化的相助。任何文化都不会带有歧视的眼光，中国武术自缘起之日就归属于勤劳智慧的中华民族，被统治与压迫者在条件允许时会尽可能地从这一文化中获取能量去满足自己的需求、实现自己的愿望。因此，在中华文明曙光初露之时，武术成为中华历史上较早与政权交融在一起的民族文化。

作为文化形态学和历史形态学先驱，历史哲学家斯宾格勒（Stigler）在其《西方的没落》中曾指出，"人类的历史没有任何意义，深奥的意义仅

---

① 庄锡昌、顾晓鸣、顾云深等编《多维视野中的文化理论》，浙江人民出版社，1987，第10页。

寓于个别文化的生活历程中"①。我们的学者在研究夏史时多数倾向于对夏朝笼统的文化考古，而对于具体的原始文化却挖掘不够。中华民族是文化早始的民族，中国是世界早就公认的文明古国之一。对于最初踏入文明阶段的民族来说，文化的构成与形态多数是简洁和稀疏的，能够与这个民族长久相伴于历史并且能够极大地影响政治与王权的肯定更是少之又少。而武术自从夏初带来王权登台的历史震撼起便被永久写进中华民族4000多年的冷兵器历史中，并在"武能安邦"的效应中持久地照耀着中华文化史，是中华文化史上浓重的一笔。如以上斯宾格勒所述，研究历史应当从具体的文化入手，夏史学者在研究夏史时对于具体文化的探讨远远不够，对于武术文化的远古影响具体到夏朝阶段几乎接近空白，而夏王朝是中国历史上第一个奴隶制国家政权，夏王朝的建立标志着中华民族历程300万年左右的原始社会状态的结束，而后直到近代，4000年左右的阶级社会贯穿中国历史。夏朝的存在是中国历史上极为非凡的阶段，这种非凡在于它的出现和存在对于中华民族的演进与历史来说非其他任何朝代可比。因此，夏王朝从开启中华文明的历史之初，便把中华文化和中国历史推向一个崭新的阶段。

文化的进步催生了文明的降世，文明的成形又催化了文化的发展，夏朝王权的建立把中华文明推向历史舞台，使其告别洪荒与野蛮时代，文明所包含的能量也激化了文化魅力的张扬。夏朝军队、监狱的建立及不同官职的任用恰是文明的彰显与作用，武术作为安邦的主要因素也和文明派生下的国家机器紧密联系在一起。夏朝就是这样一个中华历史上对于文明而言极不普通的阶段，而武术在这一阶段也逐步开始了文化塑形。如果没有夏朝人类文明的登台，武术的文化因子可能还要无限延伸，也就很难在军队、监狱等国家机器中进行文化初构。斯宾格勒认为，文化形态史学研究的是文化有机体和文化形态。他认为，文化是活生生的有机体，代表着历史、生长、生成、创造，文化是活的精神，文明是"一种发展了的人类所能做到的最表面和最人为的状态，它们是一种结束，已成的跟随着方成的，死

---

① 奥斯瓦尔德·斯宾格勒：《西方的没落》，商务印书馆，1963，第138页。

跟随着生"①。正是有了文明的依托与支持，中国武术的文化基因才有了进一步扩散的机会和能力。历史本身是没有能量去自行进步与发展的，推动历史进步与发展的力量就是文化的萌生与成长，我们谈历史是离不开人类的，没有人类的存在历史也无从谈起，人类创造着历史，没有人类以前的自然史期阶段我们应当更准确地称为史前阶段。历史与人类的依存是自然赋予的必然，因此历史是离不开人类的。历史是无形的时空架构，架构的能量支持就是带动人类进化的文化推动。文化是人类发现、利用与创造的，文化的进步不断更新着人类对自然的影响，这种进步的能量积蓄到一定程度便爆发出人类在自然中所处状态的巨大转折，文明的登台就是文化能量集聚释放的结果。这也造就了人类历史的跨越性发展，所以文化与历史的唇齿相依就在于文化推动历史，历史展现文化。

当历史呈现巨大进步或跨越时，文化必然相应地有着非一般的变化，中国远古社会在夏朝开启文明时代，中国历史也在这一时期告别野蛮时代。文化的呈现也开始有了新能量的爆发，武术文化的特质因子逐渐被集结精选，尤其是器械的使用在这一时期开始了文明主控下的训导与学习，这也应该是中国历史政权主宰下最初的文化教育。总之，文化的进步把历史推向了新的阶段，武术是中华始祖最早孕育的文化之一，中华文明的历史登台必然也有武术的文化功劳，夏朝400年左右历史的明确印痕表明了其没有拒绝武术远古的文化魅力与力量，中国冷兵器历史的起点应当有充足的文明理由和文化解释认定为夏朝初期。人类步入文明的历史开端也是人类战争历史的开始，战争始终是社会巨大转型、更朝换代的决定性因素，即使在同一历史朝代，私有制社会状态与"人为财死"的利益驱使也使战争频频出现，也正如学者所称，一部人类史也是一部战争史。

---

① 奥斯瓦尔德·斯宾格勒：《西方的没落》，商务印书馆，1963，第54页。

第五节 夏朝武术与教育

我们在谈到教育时经常和文化联系在一起，也就是常说的文化教育，文化对于人类的巨大作用使人类从动物界中脱颖而出，逐步成为利用自然的智能生物，经过历史的考验与磨炼并进一步成为能够改造自然的生灵。文化让人类成功于历史，独步于自然，人类早期的文化传承依靠的是先天传承，也就是基因传承。随着文化的逐步发展与丰富，模仿与学习，身传与形授成为文化传承的依靠方式，在没有语言特别是没有文字的时代，这种文化传承是推动人类历史演进的依靠。

当中华文明攀上历史舞台进入夏朝之后，文化的传承在人类历史彰显之下发生了明显的改变，在这一时代虽然文字还在孕育之中，但是作为文字的前兆，用作记录和表达的有关部分符号已经存在了，这对于夏朝时代人类在政权初始支配下的教育起着巨大推动作用。教育承担着人类文化延续传承的重任，但是在政权左右支配下的教育首先要服务于政权的需要。在人类文明之初教育这一特点亦尤明显，特别是在夏朝，人类刚刚步入阶级时代，"大道既隐，天下为家"，人类进入私有制时代，阶层的划分使得人类在社会中享有的权利存在着天壤之别，社会财富给予的部分享益只能为上层群体所有，教育自然也不例外。

在文明初登历史舞台的夏朝时代，文化还是柔弱的，文字以符号形式初现，更加上奴隶制时代的开启，为了保护私有财产制度及奴隶主阶级的利益，国家和礼制法纪便产生了。奴隶主阶级掌握国家机器，并使之日益完备，组织武力和制定残暴的刑罚，镇压奴隶阶级的反抗。[①] 在这种情况下，以武术技能为主要传授内容的教育成为夏朝奴隶主阶层的特权，并且成为政权维护的一种必备依靠。对于最上层统治阶层来说，夏朝建朝后面临巩固王权的严峻斗争，统治者既要依靠所得的战俘充当奴隶，又要武力镇压奴隶的反抗及

---

② 毛礼锐、瞿菊农、邵鹤亭编《中国古代教育史》，人民教育出版社，1983，第15页。

不甘沦为属国的其他氏族部落的反抗，这样他们必然会重视军事教练和武士培养，因此夏王朝有"夏到遵命，为政尚武"之说。对于武术器械的传授与教育，现存历史资料未能给我们留存明显痕迹，但是对于远距离的杀伤利器弓箭的使用的教育却有着清楚的记载。例如："至于序之意义，通考谓：以习射事曰序。夏重射，射以序为主，故以名其学。""东为东序又称东膠亦曰东学，学射之所也。"①《孟子·滕文公章句上·第三节》中有"夏曰校、殷曰序、周曰庠，学则三代共之，皆所以明人伦也"。据《礼记·明堂位》记载，"序，夏后氏之序也"。《礼记·王制》认为夏序有东序西序之分，其功能有三，其中之一就是学习武术技能。

弓箭作为冷兵器时代最具威力的器械，其杀伤力超越了普遍的冷兵器械，因此统治者为加强政权的稳固，维护自身的统治地位，必然看重对这一冷兵器的利用。对于弓箭在整个冷兵器时代的影响，恩格斯及诸多名家有过评述，前面已有提及。弓箭不同于一般冷兵器械之处在于使用者的技术含量，它不同于其他一般冷兵器械，如不经过学习、练习，弓箭的使用难见效果，但是经过练习之后它所发挥的巨大威力始终震慑着整个冷兵器历史。羿之部族在夏朝所带来的巨大历史影响，也恰恰源于他们对于这一利器的掌握，以至留有后人羿与射日之说。

自人类踏上文明征途之日起，教育便永远与政治握手相拥。教育的对象在不同的时代与社会环境下有着变化，但是无论教育的形式、存在如何，政治始终是教育必须服从的对象。政治的需求方向指向何方，教育就必然出现相应的服务方式。在夏朝，政治权力的社会作用是巨大的，告别了公用的原始生存形式，私有的占有享益在人性驱使下不断膨胀，政治自然采取一切利其身的方式去实现或达到目的。在政治支配下的教育，具有社会需求和政治满足方面传承的最高效率。远古冷兵器械的使用在夏朝早已出现多样化，但是相比弓箭的使用，刀、矛、钺、棒等的技术含量还是略显粗浅，而弓箭的威力及射准的技术含量要求等使得统治阶级在进行武术技能的器械实施教育

① 王凤喈：《中国教育史》，国立编译馆，1984，第28-29页。

方面将其作为首选。在学校教育中有"序者、射也"的情况，这是对中国远古初期教育实施中武术最佳技能的重视的证明，学校的教育首选也必然推动民间的重视，这一技能在民间毫无疑问也是发展较快的。我们从古籍中再来看一下夏朝教育与远古武术，《诗经·豳风·七月》曰："一之日于貉，取彼狐狸，为公子裘。二之日其同，载缵武功，言私其豵，献豜于公。"[1] 又曰"跻彼公堂"，《毛诗故训传》曰"公堂，学校也"。

夏朝是中国奴隶制时代的开始，明显的阶级存在使得社会民众中出现截然不同的奴隶与奴隶主两大阵营。在接受教育方面，显然奴隶阶层是比较困难的，作为维护统治者的重要方式的武斗搏杀技能，在走向教育时也主要面向奴隶主阶层，而作为统治阶层维护地位的工具的兵士在接受武斗技能方面也必然是有限的。

对于夏朝教育，关于武术搏杀技能的首选我们也可从夏朝为数不多的青铜考古中得到证实。夏朝是中国进入青铜冶炼的初期时代，在夏朝以前虽已略见青铜器械但青铜炼械应属偶得，即使在夏朝近 500 的时间里青铜冶炼也进展得极为舒缓，所以今天我们所见到的早期青铜器械多为商朝及以后的产物。但是，即使在夏朝青铜冶炼艰难，青铜稀缺奉为贵金的情况下，青铜制品也首先是武器，其次是鼎。《中华文明史》对此表明："夏人既已掌握铸铜技术，当然不限于仅铸造这两类器物，鼎与兵器所以被重视，实与他们在维护社会秩序中所起的作用有关。鼎是政权和等级的象征，在礼器中居于首要地位，故有三代传迁，楚子问其大小轻重之事；兵器则是维护政权和等级制度的工具，属'国之大事'的重要组成部分。直到周代这两类器物仍被视为铜器中最重要的器物，其根源则产生于夏朝。在二里头文化中，以青铜鼎为代表的礼器和'国之大事'必具的兵器都有发现。"[2] 由此可见，武器在夏朝的重要性。武器的重要也恰恰源于政权的需求，而且是首要的需求。在政权支撑下教育出现的夏朝，与武器配合的出色利用

---

[1] 袁愈荌、唐莫尧：《诗经全译》，贵州人民出版社，1992，第 187 页。

[2] 袁行霈、严文明、张传玺、楼宇烈主编《中华文明史》第一卷，北京大学出版社，2006，第 114 页。

必然同样也成为政权的教育首选。尽管目前的教育资料很难给予这方面的有力支持，武术文化技击的核心价值及现实也足以支撑夏朝政权初成下武斗技能是教育中的首选。

以上有关弓箭的记载也只是说明弓箭在教育中是武术技击中的首选，而其他类器械的传习也不可能排除在教育之外。作为掌权者或者统治者不可能只是让自己的后代或者政权守护者学习弓矢技能就足够了，也只是在众多器械中，弓矢的重要性相对凸显而已。对于其他器械的使用也必然存在相应的传习。

夏朝之时，矛、钺、刀、戚、戈、箭、棒等已经大量使用，并且相应的兵器已经改用青铜铸造，从器械的不同我们显见使用方式的差异。例如，戈和刀、矛等存在着明显差异，刀以轮、劈、砍、剁等为主要方式，矛主要是刺，扎兼有棒的使用功能，而戈明显不同于以上方式，主要是勾刺、剁推的方式。如果没有一定的使用经验，即使拥有不同的器械也很难使各种器械的功能在使用方式上物尽其用。因此，在武斗博杀的器械使用上必定存在着相应的传承，也尽管这种传习在文明初始的夏朝相对简略，其技能的构成也简单与拙糙，而就是这些不同器械粗成的使用在教育传习之下推动了后来的十八般武艺横亘历史。

青铜器在登上历史舞台之后，逐步出现了几大分类，有专家把青铜制器分为兵器、礼器、乐器、盥器、杂器等。在这些青铜制器分类中，在夏朝最先登上历史的是兵器，而其他青铜制器在夏朝青铜奉为贵金的情况下少有出现，也只有到了商朝青铜冶炼发达以后才逐步出现，这毫无疑问地也说明了武器的重要性，也恰如以上在《中华文明史》中所提及的。

第六节　夏朝武术的文化重价与史学要义

夏朝是中华历史最为特殊的一个文明阶段或历史时期，它的特殊性在于首先它把中华民族从数万年的远古推上了文明的人类历史舞台，是一个跨越向前的新史期，从此中华民族开启了人类最早之一的文明之旅。它也把人类的历史带入一个加速时代，文明的能量注入中华民族的社会发展之中呈现出夏朝以前从未有过的快速发展。

在夏朝以前的人类演进中，生存问题是我们的先祖经常面临的迫切问题，而夏朝以后，生存在文明的巨大作用下已不是什么问题，生活则是新的社会要求。如果说在夏朝以前人类对远古武术文化的利用是为了生存，而夏朝以后，武术文化的搏杀核心则成为推动历史进步的巨大能量。没有夏朝的历史王朝初现，人类难以告别原始的无限延续。任何事物的初成或创造性诞生都将是一种突破性发展、跨越式改进，这种突破与跨越的背后是巨大能量的集聚与历史择机。夏朝的历史遗迹由于时空远限，又恰是处于文明初成的史前阶段，时代的历史遗痕因此十分模糊，以致关于夏朝的社会存在与时代真貌曾有不朽的争论，而随着当代考古学及文化史学的不断深入，夏朝模糊的文化史痕逐步变得清晰起来。在夏朝以前的三皇五帝时期，如果说武术原始的文化力量不具备形成社会性发展的巨大能量，夏朝王权成立、国家机器成型以后，政治的指挥有了统一的功效，文化的发展使得政治集结、权力凸显，在这种文化的能量推动下，蕴含于打斗搏杀之中的武术文化因子的效用显然是毋庸置疑的。

武术远古搏杀的文化初成来自人类的生存个体，当人类的本能性肢体施展带来明显的挥舞效果时，它便会很快印象于人类的进步与演化之中并不断被模仿和重复使用。这种个体能力积累到一定程度便形成自然的服从与趋从，使部分个体出现明显的社会张扬，如蚩尤善斗与羿之善射。但是，所有这种武术文化远古能量的张弛所带来的个体凸显远不能和政治集结下权力施用的效果相比，权利的施用将个人的武斗技能魅力向着政治利用与服务的方向推进，并在政治效应下由个体向群体布播以进一步将武术的文化能量加以最大利用。纵观整个中华文明史，自夏朝以后的任何朝代，社会王权的更替中无不存在着武术文化的巨大魅力展现与能量释放，冷兵器时代的历史记录甚至清楚地表明王权建立的帝王更是武术技能的高手。所以，夏朝对于人类发展史来说毫无疑问是承前启后的非凡时代，而这个时代的出现源于中华文化的能量释放。

对于夏朝文化的粗略集成中，军事开始了与政治紧握相拥的时代，政治的权力集结使得人类冲突的打斗告别了原始阶段的以血缘为纽带的组合方式，在国家机器的强力驱使下，人类的打斗搏杀更具目的性、计划性等，这都源自王朝出现下的权力效应。武术的原始技能散布也因此被不断集中并进入军队开始了人类历史的军事征程，拉开冷兵器鏖战的文明史幕。文明与野蛮始终是孪生形影，人类文明的历史登台把野蛮推向国家机器，本为人类生存的文化成果发生了极大的转向，武术的远古技击告别稚嫩的文化功能，成为国家机器初现时助长野蛮踩踏文明效力国家的首选文化类型。从恩格斯对于国家的解释中我们也可看出，在国家登台历史的初期阶段或国家形态转换的过程中武术所展现的巨大文化释放力。恩格斯说："国家是社会在一定发展阶段上的产物；国家是承认：这个社会陷入了不可解决的自我矛盾，分裂为不可调和的对立面而又无力摆脱这些对立面。而为了使这些对立面，这些经济利益互相冲突的阶级，不至在无谓的斗争中把自己和社会消灭，就需要有一种表面上凌驾于社会之上的力量，这种力量应当缓和冲突，把冲突保持在秩序的范围以内，这种从社会中产生但又自居于社会之上并且日益同社会相异化的力量，就是国家。"① 对于夏朝的国家初现政兵源始，《礼记·礼运》有这样一段叙述："今大道既隐，天下为家，各亲其亲，各子其子，货力为己，大人世及以为礼。……故谋用是作，而兵由此起。"② 陈序经先生在谈到文化的意义时曾有这样一段论述："一般提倡极端的国家主义或帝国主义的人们，往往也以为他们自己的国家，是有文化的，而其他的民族是没有文化的。西洋各国之征服非洲与南洋各处，故以这种理由为根据，德国之占据我国的胶州湾也以为这是为了文化而占据。他们把强权当作公理，而公理又当作文化。其实这种观念，可以说是以政治的势力去当为文化来看。换句话说，就是以武力当为文化来看罢。"③ 在这里我们姑且不去讨论武力的文化问题，陈序经先生提到的国家主义很显然表明了文化在国家主义背后的巨大支撑，

---

① 马克思、恩格斯：《马克思恩格斯选集》第 4 卷，中共中央马克思恩格斯列宁斯大林著作编译局译，人民出版社，1972，第 170 页。

② 崔高维校点《礼记》，辽宁教育出版社，1997，第 56 页。

③ 陈序经：《文化学概观》，中国人民大学出版社，2005，第 18 页。

而在这种国家主义的支撑力量中，武力又是首位的。能够扮演武力主角的文化在冷兵器时代只能有唯一的选择 —— 武术。

人类自从踏上文明之旅开始，王权主宰下的同类相争一直是史不绝书，而恰恰是人类的相互死拼推动了历史前行的巨轮。夏朝是中国开启文明加速的第一个阶段，武术与政治集结的社会效力与历史影响初步显现。自夏朝以来，武力与国家的联袂一直是历史永恒的主题，即使在现代社会中，哪个国家首先走在了军事武器的前列，也就容易稳稳地立足于国际政治舞台。

第三章　中国武术文化的发展 —— 商朝篇

第一节　商朝建立 —— 武伐四方、德征天下

人类社会的行进自从文明登台以后一直在不断提升与攀高，在人类社会发展的诸多能量之中，能够产生巨大催化作用的不可替代因子就是社会形态的更替。人类历史文明的长河是由不同形制的社会更迭交替汇融而成的，社会形态更替主要依靠的力量就是武力。温力先生在谈到冷兵器时代军事与武术的联系时曾有这样的论述："在世界范围内战争一天也没有停止过，并且人类的生产力越提高，文明的程度越高，人类相互杀戮的手段也就越残酷。在冷兵器时代，武技主要是作为战争的一部分，作为战争厮杀的最直接手段而存在的。"[1]中国武术的文化魅力在夏朝建立之后随着华夏文明的曙光初放已在军事上踏上正轨，但当时毕竟是中华文明的初期阶段，武术文化的军事能量还在不断孕育，或者说，在夏朝，武术技能的军事魅力与战争效果也只是刚刚突破了个人所为和小团体氏族化展现。进入商朝，武术与军事的结合有了新的进展。但无论如何，武术文化的军事登台与为战争效命一经被历史选中便不可止步，演绎了整个人类冷兵器历史。

夏末商初，商朝的建立更是以武术技能的搏斗厮杀为仰仗进行四方讨伐而实现的。这种搏杀的野蛮远远超出了夏朝的规模，武术文化的技能利用被推向新的程度。文化的产生与提高必须有不可推卸的历史选择，对武术文化来说，王朝更替的军事利用应该是其提升与发展的首要因素。王宇信、王震中等在谈到商王朝建立时提到"汤灭夏建立商王朝主要靠两个手段：一是武功；二是神力"[2]。对于商朝建立的武力征伐，现存诸多记载，《孟子·滕

---

[1] 温力：《中国武术概论》，人民体育出版社，2005，第 241 页。

[2] 王宇信、王震中、杨升南、罗琨、宋镇豪：《中国古代文明与国家形成研究》，中国社会科学出版社，2007，第 291 页。

文公下》中有"'汤始征，自葛载'，十一征而无敌于天下"①。此外，《竹书纪年》有九征之说，《帝王世纪》《太平御览》有二十七征之说。中国古代对冷兵器的描述有"国之大事，在祀与戎"②，有专家认为这一点描述与商朝时代的特征较为吻合，"祀"指祭祀，"戎"也就是兵戎。从目前的甲骨卜辞研究中可以看出，商朝时代的祭祀频率较高，几乎天天出现，这种情况超过了后有的各个朝代。征伐活动更是几乎从未停止，即使是田猎活动也有练兵性质。这说明在当时的情况下军事武力的重要性。到武丁时期，商人开拓疆土已经达到了巅峰时期，战争更加频繁。

商朝的武力根据甲骨卜辞研究大致分为三类。一是商族各氏族的武力，进行战争是用来征调，如"令斿族寇周""令五族伐羌"等。有时依据人数加以征集，如"王取人往征蜀""王取人五千征土方"。二是王室护卫的武力，由商王原氏族或者各大臣的原氏族征调组成，担任王权、王室等警卫力量，殷墟考古中发现大批的殉葬武士有力地证明了这一点。三是武力各首领部分的武力。

商朝时代作战以步战冷搏为主，同时也出现了马兵和战车。战车有四匹马，车上有三名武士，器械使用上左边执戈近搏，右边执弓远射，中间武士驾车。

商汤乘夏末政治腐败民心所背之际联合各家力量用武力推翻夏朝统治建立了我国第二个奴隶制统一政权。商朝的建立是以武力开路，同时以德教服心。夏朝至桀之时社会动荡、民心有违，司马迁对此说是桀"不务德而武伤百姓，百姓弗堪"。因此，汤建天下首乘武力之外以"德"修善，司马迁在《史记·夏本纪》中评到"汤修德，诸侯皆归汤，汤遂率兵以伐夏桀"③。关于汤修德之事古籍多有记载，如刘向《新序》中有"汤见祝网者置四面，其祝曰：'从天坠者，从地出者，从四方来者皆离吾网。'汤曰：'嘻，尽之矣！非桀孰能为此。'汤乃解其三面，置其一面，更教之祝曰：'昔蛛蝥作网，今之人

---

① 刘俊田、林松、禹克坤译注《四书全译》，贵州人民出版社，1988，第468页。

② 孔子、左丘明：《春秋左传》，北方文艺出版社，2016，第302页。

③ 司马迁：《史记》，中华书局，2006，第11页。

循序。欲左者左，欲右者右，欲高者高，欲下者下，吾取其犯命者。'汉南之国闻之曰：'汤之德及禽兽矣。'四十国归之。"①《帝王世纪》中记载："夏桀无道，罪谏者，汤使人哭之，桀囚汤使于夏台而后释之，诸侯由是咸叛桀附汤，同日供职者五百国，三年而天下咸服。"②通过诸多历史古籍所载不难看出，汤开辟商之天下得益于武力征服，但同时他又重视以德服人，这也恰恰是中华武术文化陶冶人性、润合心性之光华所在，武者要以理服人、以德服人。自古以来武要与德同行并伴才能使二者的功用更加彰显，如果失去了德之辅伴，再强悍的武功最终也只能得到消解与灭亡的结果。武力相搏不仅是冷兵器历史朝代更替不可脱逃的铁律，更是人类历史进步的始作俑者。

毛泽东对于革命和政权的论断曾提出"枪杆子里面出政权"。对于人类文明先期阶段冷兵器时代的政权的建立，刀枪等冷兵器武技的文化功能是不可替代的，这种冷兵器技能的展现相对于夏朝在文化的进步与推动下显得尤为过之而远非不及。德国学者埃利亚斯（Elias）曾提出，"随着军队不断被中央集权兼并，武士的功能慢慢在向这个方向发展"③。

第二节　商朝帝王与武术

汤是带领商族推翻夏王朝，建立商王朝的第一个帝王，汤作为商朝的第一位帝王也是开国之君，同商朝以后历代开国帝王一样是一位武功突出的猛将。汤在推翻夏王朝以前号称武王，这与其武功突出，推行武力有关，《史记·殷本纪》中有"汤曰：'吾甚武'，号曰武王"④，《诗经·商颂·长发》中有"武王载旆，有虔秉钺，如火烈烈，则莫我敢曷"⑤，《淮南子·泰族训》曰："汤之初作囿也，以奉宗庙鲜蛴之具，简士卒，习射御，以戒不虞；及

① 石光瑛：《新序校释》，2009，第381页。
② 徐宗元辑《帝王世纪辑存》，中华书局，1964，第39页。
③ 诺贝特·埃利亚斯：《论文明、权力与知识》，刘佳林译，南京大学出版社，2005，第52页。
④ 司马迁：《史记》，中华书局，2006，第13页。
⑤ 袁愈荌、唐莫尧：《诗经全译》，贵州人民出版社，1992，第493页。

至其衰也，驰骋猎射，以夺民时，罢民之力。"① 由此不难看出，汤正是因为自身武功卓著才号称武王的。不仅如此，汤还重视武术技能的培养，在军事中着重练习射御等以提高兵士的作战技能，即使是狩猎也带有军事训练的性质。对于商汤重武尚技的情况，著名史学家柳诒徵提到，"殷之尚猎，盖源尚武之风，自汤以来，极重武力"②，"且商虽自汤以来，世尚武功，而其政术则任贤而执中"③。根据柳先生对于商汤的研究我们也不难看出，在商汤之时，社会兴起狩猎之风，并且整个社会崇尚武功，狩猎的盛行也与当时崇尚武技、推行武力有关。对于商朝帝王崇尚武功的记载虽为数不多，但是从汤平夏立商时对武功的崇尚也可看出其对后世的影响。商王朝中除汤武功卓著外，武丁也是对商朝影响极大的一代帝王。《通鉴外纪》曰："武丁时编发来朝者六国，自是服章多用翟羽，至于武乙，且仰而射天。④"《史记·殷本纪》记载武乙"为革囊，盛血，昂而射之，命曰'射天'"⑤。由此可见，武丁与武乙对于射术的有关不同利用。对于武丁的技能功法虽难见史载，但从其四方讨伐征战中可见他对武功崇尚的程度远在开国之君汤之上不在其下。据有关学者对甲骨文的记载统计，武丁征伐的对象达到了上百个方国、地区。商朝的最后一个帝王更堪以勇士著称，《史记·殷本纪》对帝辛（殷纣）的描述是"资辨捷疾，闻见甚敏；材力过人，手格猛兽"⑥，《荀子·非相》则称帝辛"长巨姣美，天下之杰也；筋力越杰，百人之敌也"⑦，《帝王世纪》称他能"倒曳九牛，抚梁易柱"，《史记·律书》载"夏桀、殷纣手搏豺狼，足追四马，勇非微也；百战克胜，诸侯慑服，权非轻也"⑧。殷商甲骨卜辞中有"暴虎"一词。卜辞讲"王往暴虎""壬辰卜，争贞，其暴弗其获"。

① 许匡一译注《淮南子全译》，贵州人民出版社，1993，第1193页。

② 柳诒徵：《中国文化史》，中国社会科学出版社，2008，第120页。

③ 同上书，124页。

④ 刘恕：《通鉴外纪》，上海书店，1989，影印本，第51页。

⑤ 司马迁：《史记》，中华书局，2006，第15页。

⑥ 司马迁：《史记》，中华书局，2006，第15页。

⑦ 蒋南华、罗书勤、杨寒清译注《荀子全译》，1995，第69页。

⑧ 司马迁：《史记》，中华书局，2006，第135页。

根据相关卜辞甲骨的考证，卜辞中的"暴虎"字形即为与虎空手相搏。此外，还有类似古籍史料对于"暴虎"一词有所记载，在我国早期典籍中也屡见田猎时手搏猛兽的描述，如《诗经·小雅·车攻》中有"搏兽于敖"①。其中，搏，即空手相搏；敖指的是河南郑州西部境内。以上类似诸多记载无疑明确反映了商朝部分商王的过人之勇和超凡气力，类似于帝辛的威猛异常，并非商王中的偶然，而是商王的普遍情况。这种威猛一方面与商王的先天素质有关，另一方面必然受后天有素训练的影响，否则仅有一把力气很难做到与猛兽相格。

纵观整个商朝时代继夏王朝之后的 600 余年，其从王朝初成便以征伐得势，开国之君也以武功自恃并不断开疆扩土，使商王帝国不断扩大。商朝时代的文化发展相比夏时明显巨进，人类社会进入王权时期，政治便成为文化发展的首要航标，政治的航标指向何方，文化便必然倾向何方，商王时代武功崇尚与武力征伐的王权影响使整个商朝时代呈现穷兵黩武的王朝特点，这也必然影响与带动历代帝王对武功的利用与武术的推行。应该也正是基于这方面的原因，商朝时代的青铜铸造业在经历夏朝的初露端倪便迅速开始了一个巅峰阶段。

第三节　武官与武将

古语说"文能定国，武能安邦"，商王朝作为中华历史第二个王权时代，其追逐人类权益、武力降服的欲望与能力远远超出了文明初现的夏朝史代，特别是武力的凸显成为人类文明初期的最大推动力量，和谈外交几乎是不存在的，唯有武力是开疆扩土欲望实现的最佳手段、可取方式。这种效应在夏朝以后体现得更加明显，人类社会的进步便与其紧握相拥，因为王权永远是社会前行的主宰性力量，王权的嗜需与展现直接决定了社会趋向及人类文明的进展方向。作为华夏文明登台后的第二个王权时代，"定国"可用之文显然弱不可用，唯有武力最可突出安邦之势。所以，商朝的将领和官职主要是

---

① 袁愈荌、唐莫尧：《诗经全译》，贵州人民出版社，1992，第 234 页。

武职,单纯的文职几乎不存在,或说在那一时代文武合一,只要是有官职身份的就能领兵作战,而且这种领兵是和所有兵士一样能够战前拼杀。商朝的武官主要有以下几种。

第一,师长。师长是商朝时代的最高武官,《尚书·商书·盘庚下》中有"邦伯师长百执事之人"①的记载,"邦伯"指诸侯君长,"师长"也是指相应的类似于诸侯一类的高级武职官员。根据殷商甲骨文的研究,有学者指出"师"是商朝的最高编制形式。在甲骨文中曾出现"右师""左师""王作三师右中左"的记载。师的掌管者即为"师长"。

第二,亚。亚也是商朝时代的一种高级武官。《尚书·周书·酒诰》中有"惟亚惟服",在甲骨卜辞中,"亚"常有从事征战之事者的意思,如"亚乞致众人舌丁麓呼保我""亚载耳龙"。舌、载等字在卜辞中都是战争动词。《尚书·周书·牧誓》中周武王伐纣的军队中就有"亚旅"这一领兵官职。一些著名武将其名字前面都有"亚"字,如"亚雀""亚禽""亚般""亚旁"等。"亚雀"是武丁时期最著名的武将,他曾经被武丁委派征伐过许多地方,建立奇功,并为商王举行庆典,在商王陵墓中曾出土亚雀器物,表明商王和亚雀关系密切。"亚禽"是武乙、文丁时期著名的最著名的武将,其先祖在武丁时期和亚雀一样是位叱咤风云的人物,曾多次率兵为商王对外讨伐,在卜辞中也称作"子禽"。"亚"这一武职到了亚禽时期已经不再有子称,而是有了一些具体名称,如"马亚""多马亚""射亚"等。关于"亚雀""亚禽""亚般""亚旁"等率军出征的记载有"禽以众舌伐召方""惟雀伐羌方""贞惟师般呼伐""亚旁以羌其御用"等。其中,"亚旁"能用羌人进行献祭,可看出羌人是他征伐羌人时俘获的俘虏,所以不难看出"旁"也是当时的武官将领。

苏埠屯遗址曾出土铸有"亚醜"族徽铭文的大铜钺,以及五六十件其他类型的青铜器,上面都铸有"亚醜",众多学者结合甲骨卜辞中的记载认为亚醜最初应该是商王派到东土,驻扎在苏埠屯一带的武官。后来随着时间的推移及商朝的发展,亚醜成为外在的诸侯,同时还在王朝兼任职位,称为"小

---

① 曾运乾注《尚书》,黄曙辉点校,上海古籍出版社,2015,第19页。

臣醜"。21世纪初，殷墟花园庄54号墓出土过各类器物570余件，其中有铜钺7件，以及大型卷头刀、戈、矛等青铜兵器。这些出土的青铜兵器、礼器上大多铭有"亚长"两字。《左传·隐公八年》众仲所说"命氏""赐姓"，"因以为族，官有世功，则有官族，邑亦如之"①。因此，有学者研究认为"亚"与"长"相结合的带"亚"族氏徽记是因官有世功而形成官族后将其族氏徽号铸在青铜器上，以显示自己身世尊荣的一个例证。"亚"作为武官名称与墓内出现大量青铜兵器也是相吻合的。

第三，甸。卜辞中有在某田，如"在义田""在庞田"等。文献中的"候甸男"在《令彝》中以"侯田男"出现，很多学者考证殷代"田""甸"相通，如卜辞中有"田（甸）获羌俘""多田（甸）参加征伐"等，而这些田（甸）所为和耕种收获等农田、农事等毫不相干，而与军事征伐等密切相关，所以田即为甸，是商朝时代武职的一种。

第四，男。古代男、任二字音近相通，所以很多学者认为卜辞中的"任"也就是男。"任"曾经和"多田""亚"等并列。所以，"任"应该和"多田""亚"等同为商朝时代的武职。在卜辞中，"任"前面多数有地名或族名，如"而任""戈任""名任""卢任"等，也就是某地或某族的"任"（男）职。

第五，马。在商朝时期以"马"为名的官职，具有养马的职责，同时又是一种武职，有的后面坠有"亚"，如"马亚""多马亚"等。

第六，射。射应该说更是典型的武官官职。甲骨文中有"射舌""射倗""射嘎""射串"等。射后面的字是人名，"射"这一官职是掌管射术的。对于"射"甲骨卜辞中另有一些作"射手""射箭"讲，如甲骨文中有"登射三百，勿登射三百""贞：命禽致三百射；贞：勿命禽致三百射"。这些射的记载与官职无关主要是做动词射箭或名词射手使用。

第七，卫。卫也是一种武将官职。卜辞中有"乎卫"，也有复称者，如"多射卫"指射手组成的卫队，"多马卫"指马队或战车组成的卫队，"多犬卫"指田猎卫队，还有冠以地名称为在某卫者，指保卫某地的卫队。

第八，戍。商朝军队中有"戍"这一名称，其编制也是以右、中、左为名，

---

① 孔子、左丘明：《春秋左传》，北方文艺出版社，2016，第17页。

如"右戍不雉众""中戍不雉众""左戍不雉众"。甲骨文中有"戍永""戍光""戍延"等,其中永、光、延为人名。安阳出土青铜鼎铭文中有"戍嗣","嗣"为人名。这些人名前的"戍"为官名,因为"戍"经常率军征战,所以"戍"也是商朝时代的武官职位。

第九,使。甲骨文中常见"使"率兵作战的记载,如"在北,使又获羌"。不难看出"使"也是商朝时代的武将官职。

此外,提及商朝时期的武将时应当提一下武丁的妻子——妇好。妇好是一位能征善战的武将,对其领兵作战的英勇甲骨文中多有描述。例如:"辛巳卜,争贞:今者王共人呼妇好伐土方""贞:王令妇好比侯告伐尸方""甲午卜,宾贞,王惟妇好令征夷""贞,王令妇好从侯告伐夷""辛未卜,争贞,妇好其比沚馘伐印方,王自东亳(薄)伐捍,陷于妇好立(位)""辛子卜,贞,登妇好三千,登旅万,呼伐""甲申卜,又贞,呼妇好先人于龐""乙酉卜,又贞,勿呼妇好先于龐人""乙酉卜,又贞,勿呼妇好先于龐人""乙酉(卜),(又)贞,勿呼妇先于龐人""丙戌卜,又贞,勿呼妇好先人于龐""征妇好三千,征旅万,呼伐羌"。

1976年,妇好墓出土了两件惊世武器——青铜钺。其中一件大钺长39.5厘米,刃宽37.5厘米,重达9千克,钺上饰双虎扑噬人头纹,还有"妇好"二字铭文。有文章据此说妇好手持两柄大钺冲锋陷阵,并由此推断"妇好臂力惊人"。对于妇好是否臂力过人,史学自有研究另论,首先肯定无疑的是妇好作为商王武丁的妻子并非娇媚弱女,而是战场征杀领兵作战的女性武将。如以上甲骨文所记载,对于妇好的领兵作战,甲骨文还有"辛巳卜,登妇好三千,登旅万,呼伐羌"。这是甲骨文中记载的出兵最多的一次战争,这次战争的最高统帅就是妇好。当时,久经沙场、战功累累的禽、羽等武丁爱将,都归妇好率领。那一仗打下来,羌人势力被大大削弱,商朝西边的边境得以安定。除妇好外,商朝的女性武将比较典型的还有妇妌,她曾经带兵征伐龙方,并取得了胜利,如"惟妇妌伐龙""贞,勿呼妇妌伐龙方"。对于商朝武将的勇武可从有关古籍管窥一斑,如《史纪·秦本纪》载"恶来有力，蜚廉善走，父子俱以材力事殷纣"①。崇侯虎长期跟从纣王征战天下，"指画杀人"，勇挫劲敌，被视为心腹之人，纣王就是听从了他的议谋而囚文王于羑里。《史记·周本纪》载："'西伯积善累德，诸侯皆向之，将不利於帝。'帝纣乃囚西伯于里。"②《墨子·明鬼下》中也讲"故昔者殷王纣，贵为天子，富有天下，有勇力之人费中、恶来，崇侯虎，指寡杀人"③。这都说明商王麾下曾经聚集着众多善武骁勇之士，在武勇方面他们同类似纣王的商王一样，这种情况不只是商王一人曾有，这些商朝王者手下的勇武之士都拥有卓绝的武技。

第四节　师与师般

"师"字自古以来就是对有一技之长能传授他者的人的尊称，同时兼有军队的意思。师字的出现最早见于甲骨卜辞之中，即 𠂤，对此学者解释不一，主要有两种说法。一种认为古代兵符像是圆块中的一部分，朝廷将刻有虎、狮等图案的圆形玉块，切割成裂纹不规则的两块或几块，部分留在朝廷，部分放在地方或军队，朝廷和军队均以所持兵符能否吻合来检验兵权和调动权的真伪。这种有图案的残块就是最早的"兵符"。另一种认为是"师"和"帅"古为一字，本来是指包在头上的佩巾，甲骨文和金文的"师"都是佩巾的象形，因为佩巾是包在头上的，居于人体最上方，所以才有头领、帅领之意，卜辞中所说的"某师"就是某人率领的军队，故后来又用为军队的建制。所以"师"本来是一种武职，就是军队的统帅，而不是老师的意思。这两种观点对于师字和军队具有密切的联系这一点近乎一致，即其在某种程度上具有统帅和军队的意思，今天我们对师字的使用还保留这种意思，如出师不利、虎狼之师等，而对于师字本源何意差别就比较大了。

对于"师"字的探究，一方面离不开甲骨卜辞造字的初衷，另一方面我

---

① 司马迁：《史记》，中华书局，2006，第29页。

② 同上书，第18页。

③ 周才珠、齐瑞端译注《墨子全译》，贵州人民出版社，1995，第286页。

们也必须兼顾字意的历史沿袭。从甲骨卜辞中我们不难发现，师字已经具有了军队的意思。例如："王作三师：右、中、左。""丁酉卜。翌日王惟犬师从，弗悔，无灾。"这种表示军队的意思还有诸如"弜师""雀师""犬师""允师""鼓师""缶师"等。这时"师"已经超出了字的初创本源。目前发现的商朝甲骨文已达 4000 字，已经被看作较为成熟的汉字，具备六书结构。在商朝甲骨文字以前，汉字经历了漫长的从起源到成型的漫长发展过程，夏朝的图形文字便是甲骨文之前发展的文字。陈梦家就此曾对甲骨卜辞提出："卜辞中的殷代文字，是流传下来最古的文字。在它以前的文字是有的，但还没有发现像卜辞那样完善的。武丁卜辞中的文字代表了定型了的汉字的初期，并不是中国最古的文字，在它以前，应至少还有 500 年发展的历史，也就是说大约在纪元前 20 世纪已经开始或已经有了文字。"[1]

甲骨卜辞中的𠂤更大的可能是沿用的夏朝时的图形文字，换句话说，𠂤这个字不是商朝初创的，从甲骨卜辞中可以看到，在早期的卜辞中它已经有了军队的意思。例如："丙申卜贞，勿延戈师令""戊辰卜贞，翌已巳涉师，五月""壬子卜贞，步师亡祸。庚子卜，伐归受又"等。相比其他甲骨文字，因为是成型于最早的图形文字，具有更大的简略和粗犷性，其在表意方面不十分准确，但是从字意的历史沿袭我们也可感知"师"字本源初意的文史深根。𠂤字在商朝以前已经出现，但是在商朝的更多时期具有了军队和统帅的意思，这种意思一直沿用到今天。"师"在使用时更主要的本意是有一技之长且能传于他人的尊者或尊称。目前在殷墟卜辞中，这一历史长期沿用的"师"字本意难有出现，出现的基本是"军队""统帅"等表意，但这种情况不能否定𠂤字的本源初创。最早的、且非常突出的、与人类有极大影响的技能就是弓箭，𠂤字的出现与弓箭有关，或者更确定地说与弓有关。弓箭的巨大威力使得在夏朝时期奴隶主贵族在培养后代、训练军队时把它当作首选，这就需要有突出射术的人来承担这一重任，从前面夏朝及以前的研究中我们不难知道，弓箭出现至今已逾万年。根据最早有关石镞的考古研究，弓箭在距今三万年前已经出现，但是真正将这一冷兵利器发挥至极的却少有人在，因为

① 陈梦家：《殷墟卜辞综述》，科学出版社，1956，第 644 页。

射程与准度及弓箭的自身性能具有很大的技术制约，因此在弓箭出现后的万年之久才仅有"羿射之说"的历史流传。先看一下弓的甲骨文字，如图 3-1 所示。

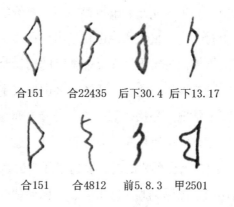

合151　　　合22435　　后下30.4　后下13.17

合151　　　合4812　　　前5.8.3　甲2501

图 3-1　弓的甲骨文

这是殷墟卜辞中弓的甲骨文型，有两种形式，一种是加了弓弦的形式，另一种是只有弓背未加弓弦的形式。𐤏字的来源就是加了弓弦的弓，并且是把弓拉开之后的形态。从弓的甲骨形态可以看出，将弓弦拉开到一定程度，弓所存在的形态与𐤏很接近。有一幅殷商射牲甲骨刻图，图中有一弓箭图形，其中弓的样子去掉箭与𐤏非常接近。𐤏字之所以源出拉开的弓字原因有以下方面。弓箭的威力主要由射程和准确程度决定，这两方面取决于弓箭的性能，特别是弓的弹性、硬度、韧性等，只有具备良好的弹性、硬度、韧性等，弓才能具有更大的有效射程，也同样才能保证准确性。但是，弓的这些良性架构因素越大，开弓的难度也就越大，因此一个优秀的射手首先必须是能够拉开硬弓的人，只有这样的人才有可能将弓箭练到极致，射得远、射得准。换句话说，只要是进行射术传授的优秀射手肯定能拉得开硬功。所以，弓箭的历史地位和文化影响力决定了这样的人能成为中国历史最早的技能传承者，并且是历史上最具影响力的传承者，也就是最早的"师"。"师"的传承出现打破了夏朝以前主要靠家族、血缘关系进行传承的文化形式，是人类历史文化新的改写。因为"师"的技能突出，又担负射术传授的重任，所以后来

61

不仅是军队中冷兵重器的教授者，并且逐渐成为领兵带队的首领。如前所述，冷兵器时期任何朝代的开国王者几乎都是功夫高手，而这种统帅将领的武斗技能是树立他的威信、率兵征杀的最重要保证。"师"这一社会重要角色在人类历史文化传承中一经出现便凸显出他存在的重要价值，因此当文字符号在夏朝开始印痕历史时，这一重要角色也较早出现在文字的初创阶段，以其自身特有的符号形式被铭记进历史。在夏朝文字的初创时，文字因为只能以图形符号的形式进行最初展示，这就造成了有些图形文字并不能真正表达其本身所要表示的意思的情况。根据目前的考古研究，仰韶文化的半坡类型遗址和姜寨类型遗址等地出土的陶器符号有一百多种，这些符号目前多数还难以确定其所表达的意思。𝄐在夏朝出现，表达"师"的意思，所以在用张开的硬功形式作为描述时，图形刻画不够准确，不像商朝的甲骨卜辞，特别是商朝中后期的甲骨文字。在商朝中后期，甲骨文字已是比较成熟的文字，文字图形表达已相对准确，有些文字不易确定是因为比较复杂。夏朝的图形文字刻画简单，也正是刻画得简单又不够形象，也就给字意的辨识带来了极大的难度。"师"这一社会角色出现后，经历了从在社会大众或族群中传授射术受他人和社会尊重到成为早期军队的技艺传授者到军队的首领的过程，一直到后来成为军队的代名词。在商朝早期，"师"已经被看作军队的代名词，它表达的这种意思是在经历了从"教师"到"教官"到"将官和统帅"之后的又一种延伸，这种延伸为军队的意思虽然一直沿用到今天，但其本意"教师"并未被取消，并且也始终是被接受和表达最多的一种解释，这种含义也恰恰依然来自这一文字符号最初所表达的意思。

师般是商朝时代的重要人物，甲骨卜辞中有诸多关于师般的记载，如"贞：命师般""贞：命师般从东""贞：呼师般""贞：呼见师般""庚午卜，韦：呼师般""贞：令二月师般至""贞：师般其有祸""癸酉卜，古贞：师般叶王事""癸酉卜，古贞：命师般涉于河东""贞：惟师般呼伐""呼师般取"。目前，见于《甲骨文合集》《英国所藏甲骨集》《怀特氏等收藏甲骨文集》《小屯南地甲骨》等书所记录的有关于"师般"的卜辞有五十多条，其中两条属武乙、文丁时期，其余皆为武丁时期。

师般中的"师"即为统帅的意思，其中武丁时期的师般是一个人，而武乙、文丁时期应该是另有其人，或者是卜辞中描述的两条有误所致。这一点有学者早有推算，根据所处时代一个师般不可能活过二百多岁。对于师般中"师"为统帅的意思甲骨文还有诸多类似记载，如"师贮"等。

武丁时期的师般不仅是兵士统帅，更是武丁学习射术的老师。《尚书·商书·说命下》载："王曰：来！汝说（悦）。台小子旧学于甘盘，既乃遯于荒野，入宅于河。自河徂亳，暨厥终罔显。"① 这表明甘盘是武丁的老师。在商朝时"老师"这一身份已经非常明确。对于武丁的老师甘盘，董作宾在《甲骨文断代研究例》中指出："《说命》称'学于甘盘'，此称'武丁师'必有所本。卜辞中甘盘正作师盘。称师，如吕尚称'师尚父'，以示尊崇贤臣之意。卜辞&作师，盘作般，与盘庚之作般同。"从众多描述不难看出，向武丁传授的甘盘即为甘般，只是文字匮乏时代的商朝"盘""般"不分造成了后来传述与记载的出入。甘般应该是"甘地之般"，或说般是"甘"这个地方的人，般也并非其真名，之所以称为"般"是因为他的射术极为突出，般是弓箭初创的鼻祖。《山海经·海内经》中有"少皞生般，般是始为弓矢"②。从目前众多的关于弓箭的创造发明记载中只有"般始为弓矢"最为可靠，所以甘般才有了"般"的称谓。武丁之所以要向甘盘（般）学习也是因为他突出的射术。在商朝，人类文明刚刚开启不过几百年的时间，武力技能的突出是四方威服的首要条件，"武能安邦"准则最为突出无疑，由于文明的初显、文化的低俗，"文能治国"之道相比之下微弱得多，对于这一点前面也有论述。况且，武丁还未登王位。同时"自商汤以来，世尚武功"，另外从武丁娶武功卓越的妇好为妻也可看出武丁对武功技能的重视。再一方面就是在武丁时期，商朝的军事力量得到了极大的加强也是武丁对武力着重发展的证明。所以，武丁之所以向"般"学习，是向他学习射术，而并非治国之道。当武丁登顶王权之后，般被武丁请出奉为军中统帅，也就有了"&般"（师般）。

---

① 曾运乾注《尚书》，黄曙辉点校，上海古籍出版社，2015，第36页。

② 刘向、刘歆编定《山海经》，万卷出版公司，2009，第274页。

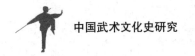

第五节　商朝冷兵器械

中华文明冷兵器历史开启于夏朝，速发于商周。尤其是商朝，青铜冶炼技术进入一个快速发展的时期，特别是商朝晚期，青铜铸造的发展已经成为社会文明进步的重要标杆。马承源在谈到商周的青铜器时提出："在商晚期和西周早期，青铜的冶铸业作为生产力发展的标志而达到高峰。在当时的亚洲大陆上，商周的青铜冶铸业所产生的青铜艺术，是一颗光彩夺目的明珠。"① 对于青铜冷兵器来说，二里头文化改写了木石并用的历史，开启了中华文明的青铜冷兵器时代，戈、镞、戚等器械也已经出现。但是由于青铜文明的初创，加上人类文明本身登台不久，夏朝青铜冷兵器发展极为缓慢。青铜铸造在经过夏朝几百年的史前文明缓行之后，商朝以新的王权形式替代夏朝文明，社会的发展被历史加速，青铜铸造也被新的社会文明催化，中国青铜逐步进入上面提及的繁盛时代，青铜冷兵器成为"获取和维持政治权利的主要工具"②。很多关于商周时代的史料都曾提及《左传·成公十三年》中的"国之大事，在祀与戎"③，这举证了一个商朝的历史现实——商朝的祭祀和战争是当时社会中最重大的事情，这也就直接影响了青铜器的冶炼目的。青铜铸造的对象主要服务于"祀与戎"，对于这两者来说，"戎"相对于王权的拥有和维护有直接的作用，所以商朝青铜考古发现的器物主要是兵器和礼器，并且兵器的数量要远远超出礼器。兵器无论是在现代还是在古代都是王权极为推崇的武力依靠，王权的争夺、霸主地位的确立、外敌的防御等这一切都离不开最先进的武器设备，其中兵器又是最关键的部分之一。兵器的多寡与精糙在一定程度上也能反映出国力的强弱，有时甚至成为军事实力的代表。商朝青铜冷兵器的发展也正是在王权与政治的嗜求下得到了激进加速。

---

① 马承源主编《中国青铜器》，上海古籍出版社，2003，修订本，第33页。

② 张光直：《从商周青铜器谈文明与国家的起源》，载《中国青铜时代》，三联书店，1999，第480页。

③ 孔子、左丘明：《春秋左传》，北方文艺出版社，2016，第302页。

　　商朝的青铜冷兵器械可以简单分为长兵、短兵和远兵（长兵器、短兵器、远射兵器）。长兵器有戈、矛、钺、斧、戟、殳、铍等，短兵器有刀和剑，远射兵器有弓箭。如上面所提商朝的青铜兵器主要还是用于军队作战，所以以长兵器和远射兵器为主，虽有短兵器刀和剑出现，但为数很少，在长兵器中也是以矛和戈为主。

　　对于戈这一器械的由来前面已经做了简要的论述，因为戈的出现主要始于商朝，夏朝虽有但较为鲜见，所以对于夏朝的戈的研究也比较少，相比之下，商朝青铜冶炼的快速发展促生了类似戈等大批青铜冷兵利器的出现，对于戈的研究与探讨也较为纷杂。但是一般学者对于戈等青铜兵器的研究基本出自考古的角度，多从出现的年代加以探讨，最多和古代军事与战争做结合以考证其用途，对于类似戈的冷兵器使用方式的研究明显深度不够。例如，很多研究者认为戈的主要功能是"勾""啄"，具有"勾杀""啄杀"的功能。这些应该说是文人学者从自己的感觉入手得出的，而对于兵器的使用特点未能切中要害。在夏朝篇章中笔者简要说明过，戈的出现不是偶然，而是中华武术文化远古器械发展的必然，也是一个中转阶段，是铜石并用阶段的开启产物。这一观点因为夏朝处于青铜的初期阶段，青铜文化的原始与粗制难有充足的青铜器械对此加以佐证，进入商朝以后，这一情况明显不同，成熟的青铜铸造技术带来了批量的戈及其他相关兵器的出现与发展。

　　第一点，之所以说戈是铜石并用阶段的开启产物，原因在于到目前为止考古学的研究还未曾发现有夏朝以后商周阶段中众多的类似矛、钺、斧、戟、殳、铍、剑、刀等在夏朝时期更早于戈的出现。商周阶段所使用的类型不一的青铜器械一般是进入商朝以后随着青铜业的逐步发展而进入历史的。在商朝以前，虽然有类似马家窑文化的青铜小刀、龙山文化遗址的铜锥出现，但是青铜小刀及青铜锥的出现只能是说明中华青铜历史有了开端，但是这两种青铜制品却难以用来进行格斗厮杀，戈的形制虽然与这两件青铜制品近似，但用途却大不一样，是用来安装在木柄上铜木结合形成的混合长兵器，是典型的军队作战应手武器，所以自从戈以青铜制式进入历史，其就很快受到军队和作战者的青睐，在夏朝以后的 1400 年左右的时间里戈一直是军队作战

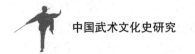

使用的重要长兵器，甚至在胡服骑射后的大秦阶段戈依然未被忽视。

第二点，戈作为一种最早进入历史的青铜兵器不是偶然，而是随着木石混用器械发展到出现青铜冶炼以后的木石混用替代器械。仅从形制上看，戈具有诸多考古学者所认为的"勾杀""啄杀"的功能，但实际上真正使用起来，作为一种长器械，它的勾啄杀伤威力远不及轮劈、横扫。其实，从商周阶段戈的形态发展中也足以看出，戈轮劈、横扫的功能在不断加强。比如戈最初只是两侧横刃的尖端利器，被横置固定在木柄上使用，后来逐步改变了直条形的状态，在木柄连接部分多出了向下的弧形部分，而且弧形部分的内侧也是单边利刃，也就是戈上被称作"胡"的部分。戈也就由最初的长条形，无上下阑的直内式戈逐步发展为狭援内刃式戈，援狭而窄，胡较长，三面有刃，类似刀，从而极大地增强了戈的轮劈和横扫的杀伤力。

戈的形态发展过程也可以说明，戈的最初使用不是"勾杀""啄杀"，而是轮劈及横扫。从形态上看，戈大致可分为四类，这四种类型是随着时间的推移而进行的器械改进与发展的产物。第一种也是最早出现的，是类似直条形双刃尖端的形态，与木柄的连接部分也就是戈的尾端，是直柄形。第二种戈的前半部分未做多大改变，后面与木柄连接的部分有了改变，由直柄形发展成了向下弯的弧形。弯曲的弧形尾部更有利于与木柄连接时相吻合，增强了戈与木柄连接为一体时的稳固性。第三种形式不仅是胡加大了并向下延伸，而且胡的内部成为援下沿刃部的延伸，很明显胡的这种刃型延伸和援的下沿刃部形成了近似弯刀的形状。如果仅是利用戈的"勾""啄"功能，向下延伸的部分，也就是胡没有必要为援下沿单刃的延伸，或者说仅为了固定戈与木柄的链接，向下延伸的胡没有必要成刃状，之所以向下延伸成刃状是加大了援下刃部分的长度，也就更进一步增强了戈的横扫威力，同时也加大了轮劈的效果。第四种是宽援形，戈头也就是叫作援的部分大大加宽，这种援加宽的戈使用起来基本上不存在任何"勾杀""啄杀"能力，倒是加宽以后近似斧状的形式更明显地呈现出类似斧的劈砍功能。这四种戈的历史登台基本上是按照时间顺序进行的，这种顺序也说明戈的发展是以使用功能为主要标尺不断进行改进提高的。从戈最初的外形看来，似乎其能够"勾""啄"，但是真正使用起来，勾啄的杀伤能力远不及轮劈横扫。戈的形态演进也很能说明戈的轮劈功能的不断加强，所以说，戈使用的不是勾杀与啄杀而是轮劈功能。

戈的器械初现也可进一步说明戈的由来与其功能密切相连。在夏朝部分笔者简单地解释了戈出现的原因，现在再来进一步加以说明。戈作为青铜制作的最早兵器，其出现并非偶然。当青铜冶炼技术为人类开始使用时这一相当重要的历史发现必然会引起高度重视，虽然现在青铜冶炼的真正开端为史前何时还难以确定，但类似于"日寻戈"的记载和描述足以说明青铜冶炼初期戈的稀缺与珍贵。参考商朝青铜制品的考古研究，显见兵器是青铜冶炼的首要任务，在商朝以前青铜文明的开启之时兵器与青铜结合的价值准则更加明显，因为相比木石器械，青铜武器的优势是显而易见的，青铜武器的优势与珍贵在当时条件下无疑也成为青铜文明的巨大推动力。人们在当时条件下要努力利用这一条件去制造最具威力或杀伤力的武器，青铜小刀、青铜锥等虽为利器但作为武器使用显然不合适，而开创性、不带任何模仿地去制造当时条件下能够最具杀伤力的武器难度是相当大的，因为在史前文明初显之时人类的发明创造力是极为有限的。也就在那一时期，在木石共用的阶段，人们使用的武器也仅限棒、矛、钺、弓等几种，在这几种十分有限的武器之中，钺应该是木石混用的最具杀伤力、最能施展人类自身能量的兵器。于是，人们把青铜铸造和钺加以结合，又加上初期阶段，青铜铸造的艰难，很难使钺从石质的宽大形态直接转化为青铜钺，也只能冶炼出类似小刀形的兵器，而为了能够施展出类似石钺的杀伤效果，人们把这种小刀形青铜利器进行改动，使其双刃像石钺一样进行横置在木柄上加以安装，这样同样能够像石钺那样轮劈横砍，于是就有了戈的出现。木石混用的阶段虽然有石钺，但戈是不存在的，因为用石头去研磨打制成戈的形状使用起来不像石钺那样耐用，是很容易断开的，所以戈是从青铜文明开始登台的。

戈自夏朝出现，盛行于商朝，完善于西周。《周礼·冬官考工记·筑氏》最初对戈有这样的描述，"广二寸，内倍之，胡三之，援四之"[1]。这部分

---

[1] 吕友仁、李正辉、孙新梅注译《周礼》，中州古籍出版社，2017，第386页。

描述是戈发展到较为完善的阶段所呈现的形态。"援"是戈的长条形的用来劈杀的锋刃部位;"内"是锋刃部分向下的延伸,一直到和木柄连接部位的中间弧形部分;"胡"是戈中间弧形部分向下的延续,直到和木柄连接的部分。另在《周礼·冬官考工记·总叙》中有"戈秘六尺有六寸"[1]。类似对于戈的描述多属于戈完善时代的东周阶段。商朝虽为戈的盛行阶段但多为无胡戈时期,郭妍利在《商代青铜兵器研究》中统计发现,在 2043 件商朝戈中,绝大部分为无胡戈,有胡戈仅有 143 件,且是直内形态,也就是直内有胡戈。[2]在直内式之后,戈的形态发展为曲内式。从郭妍利对于商朝戈的统计可看出,虽然商朝青铜冶炼的成熟把戈这一冷兵器推进历史隆重上演搏杀技能,但是形态主要限于直内形态,直到商朝晚期才出现了曲内式,从曲内式出现的数量也可看出在商朝晚期曲内式出现的时间较短,直到进入西周以后,曲内式才逐步完全取代了直内式。

戈的出现主要是在石钺的基础上以青铜文明初现的珍贵转化而来,其使用方式也是延续钺的抢劈、横扫,除此之外,戈也是战车作战的主要器械。战车作战形式是商周时代的主要作战形式,这种形式直到战国赵武灵王胡服骑射的改革才逐步退出历史。至于战车作战形式的开端目前还难以明确考证,但是根据有关资料的记载可以肯定商初时代战车已经出现。例如,《墨子·明鬼下》中有"汤以车九两(辆),鸟陈雁行,汤乘大赞,犯遂下(夏)众,人之(虫高)遂"[3],《淮南子·主术训》中有"汤革车三百乘,困之鸣条,擒之焦门"[4]。此外,《吕氏春秋·仲秋纪·简选》载:"殷汤良车七十乘,必死六千人,以戊子战于郕,遂禽推移、大牺,登自鸣条,乃入巢门,遂有夏。"[5] 这是关于商初汤时代战车的描述。商汤的战车从九辆到三百辆,数字跨越比较大,根据目前的有关资料我们还不能确定夏朝时代存在的战车形式,但是从目前有关商朝遗址考古的结果中也可看出在商初时代战车应该还

---

[1] 同上书,第 410 页。

[2] 郭妍利:《商代青铜兵器研究》,社会科学文献出版社,2014,第 33 页、42 页。

[3] 吴毓江:《墨子校注》,孙启治点校,中华书局,2006,第 336 页。

[4] 何宁:《淮南子集释》,中华书局,1998 年,第 627 页。

[5] 陈奇猷校释《吕氏春秋新校释》,上海古籍出版社,2002,第 455 页。

是比较稀缺的。例如，1936 年在安阳侯家庄王陵墓区发现 25 辆战车。在安阳小屯殷墟挖掘中，乙七基址南发现 5 辆商朝战车，这 5 辆战车呈品字型。甲骨卜辞中有帝乙征伐危方，缴获"车二辆"的记载。所以，商朝早期战车还是比较稀缺的，这种战车稀缺的情况在商朝 550 年左右的时间里逐步得到了发展，但即使到了商朝后期战车发展到了一定规模，也不过 300 辆，如"戎马左右中人三百"。郑玄在《周礼·夏官司马·叙官》中对"校人"注解"戎路驾戎马"①，"戎路"是天子的战车，驾战车的马称为"戎马"，100 辆战车恰好可以配备 300 人作战。这说明天子出征也就是 100 辆战车，这已经达到了战车的较大规模。《吕氏春秋·仲秋纪·简选》中有"虎贲三千人，简车三百乘，以要甲子之事于牧野，而纣为禽"②。在商朝中期之时，商王出动军队一般也就三五千人，如武丁时期"登人五千呼伐土方""登人三千呼伐邛方""今春供人五千正土方"。在这三五千人中也仅有一少部分能乘战车作战，而多数为步战形式。

综上，商朝战车的最大规模在商末之时也不过几百辆，在这种情况下，能在战车之上进行作战的必须是从众多士兵中挑选出的能者之士。一辆战车配备三人，车上三人有"左""右""御"之分。左方甲士持弓，主射，是一车之首，称为"车左"，又称为"甲首"；右方甲士执戈，主拼杀，并有为战车排除障碍之责，称为"车右"，又称为"参乘"；居中的是驾驭战车的御者，只随身佩带卫体兵器短剑。其中车上主要负责拼杀的人员所持的兵器就是"戈"。虽然在《周礼·冬官考工记·磬氏》中有戈、殳、戟、酋矛、夷矛，合称"车之五兵"，③但战车器械的配置这种情况应该是商朝以后的发展，商朝时的战车器械配置还主要是弓箭和戈。由于战车木制构造易腐难存，目前考古很难发现商朝战车的具体形制，但是这并不影响在商朝战车考古中对相关配置器械的证明。例如：安阳大司空村的 175 号战车上有铜戈、铜镞等实用兵器；殷墟西区 M43 车马坑中埋有一辆前驾两匹马的车子，车厢里放

---

① 吕友仁、李正辉、孙新梅注译《周礼》，中州古籍出版社，2017，第 292 页。

② 陈奇猷校释《吕氏春秋新校释》，上海古籍出版社，2002，第 446 页。

③ 吕友仁、李正辉、孙新梅注译《周礼》，中州古籍出版社，2017，第 410 页。

着一个皮质圆筒形矢箙（箭囊），内装十支利箭，都配着铜质箭镞，箭囊旁还有一件铜弓形器和两柄铜戈；山东胶县西庵乡出土的一辆西周战车上，放有两组青铜兵器，靠右侧的一组只有一柄戈，靠左侧的一组有戈、戟各一件和箭镞十枚。

在西周时代的战车上除戈外还发现了戟，戟是在戈的基础上在商朝后期发展起来的器械，在商朝更多的时间里，战车的主配器械是戈和弓箭。弓箭是远射兵器，当战车奔入对方军中之时，弓箭的威力就发挥不出来了，这时车上的主搏兵器只能是戈。因为是车上作战所以必须使用长器械，同时由于马的驾驭，车上将士只能于战车两侧挥舞器械，在这种情况下，也只有戈的轮劈功能易于展示发挥，所以戈是战车主配的近搏兵器。

我们不仅从戈的形制发展由来及商朝战车特点与作战形式上可以肯定戈是那一时代战车作战的主配武器，从今天有关文字的形态中也能看出戈曾经远远超出其他器械，对冷兵器历史有着巨大影响，如讨伐、征伐中的"伐"字，左边是人，右边是"戈"，显见出兵作战的人所使用的有影响力的器械是"戈"，而不是其他器械或兵器。战争的"战"，左侧是占领的占，右侧为"戈"，寓意显见为使用"戈"的武力占领。对于战车和"戈"的配置，从"载"也可看出，下为"车"，上是"士"，右侧是"戈"，这也是最早的车"载"形式。

从对于商朝时代的考古中我们也会发现一个共同的特征，即商朝的主要陪葬武器是戈，而且一般兵士是没有资格被陪葬安置的，也只有将官才可能有陪葬品，更何况商朝的奴隶制时代特点，具有陪葬安置的也只能是奴隶主将官阶层。从这也可看出戈是早期冷兵器时代备受重视的武器。在商朝，特别是商朝早期冷兵器械种类极为有限的情况下，戈是车战将官的主力兵器，而车兵在商朝还是比较有限的，所以较多的还是步战形式的步兵，步兵使用的主要兵器不是戈，而是矛。步下作战两军交锋时戈的轮劈、横扫功能难以施展，但是矛的主刺功能远不同于戈，矛既具有类似戈长器械的距离优势，同时在两军作战冲锋或厮杀之时又极易发挥其功能。1928—1937 年，中央研究院（现中国社会科学院）对安阳殷墟进行了 15 次挖掘，出土了大量的商朝青铜兵器，其中在侯家庄 1004 号大墓挖掘出土了青铜矛 731 件，青铜戈 72 件。由此可见商朝军中戈与矛的使用配比。戈的器械配置常和干（盾）一起，这一点从殷墟考古中可以得证。关于安阳小屯村乙组基址的相关考古发现，殷商王墓门外通常埋四名武士，其中居于前者有一武士，这名武士左手执盾，右手执戈，面朝门而北向跪。另外，《周礼·夏官司马·虎贲氏》中也有这样的描述，"方相氏掌蒙熊皮，黄金四目，玄衣朱裳，执戈扬盾，帅百隶而时难，以索室驱疫"[①]。（到周代之时，干已成盾称）由此可见，戈是较早和干（盾）结合使用的器械。时到今天，我们在化解矛盾和纷争时还经常用这样一句话——化"干戈"为玉帛。

从原始之初到戈的出现，人类拥有的冷兵器械十分有限，戈是由钺发展转化而来的，戈进入冷兵器历史以后，逐步带动出现了两种新的器械，短剑和戟。在冷兵器历史的远古时代，任何器械进入历史都有其客观偶然性和历史必然性。生活中偶然发现的利用价值是这些器械在冷兵器远古时代进入历史的客观条件，服务于社会、具有广泛的社会推动性是这些冷兵器历史长存的必然原因。比如，石斧本由砍砸器发展形成，戈是青铜文明与石斧功能结合的产物。在夏商时代，乃至于一直到战国之前，由于人类文明的稚拙，人类搏杀的技能方式是极为有限的，因此在器械选择上始终是钟情于远距离或长距离的器械，如弓箭，对其使用的重视使得商朝以后逐步有了射礼的出现，而近距离的搏杀器械也主要是矛、戈、戟等长器械。这种情况一直持续到战国时代，随着人类冶炼文化的发展，金属器械的锻制水平有了很大提高，同时中国武术文化有了极大发展，人类搏杀技能有了极大丰富，此时出现了可与矛、戟、戈等长器械抗衡的中短器械，如刀、剑等，特别是剑的使用在战国时代曾有辉煌的历史。剑的最早出现到目前为止是商朝中后期的短剑，还未曾发现商朝早期以前的短剑。但是，商朝早期青铜冶炼技术完全有条件制造出青铜短剑，却仅有戈、矛的铸造而没有短剑的出现。短剑在商朝中后期也不是凭空出现的，而是有仿照品，仿照品就是商朝早期的戈，或者更确切地说是商朝早期的直长条形戈。

① 吕友仁、李正辉、孙新梅注译《周礼》，中州古籍出版社，2017，第 279 页。

商朝早期直内戈的形状特别是有阑直内戈的形状明显接近短剑。有阑直内戈呈直条双刃状，尖端双侧呈对称弧形，戈身中间厚，有凸起的脊部，戈的尾部有较短的称作"内"的部分，内与戈身也就是称作"援"的部分之间有称作"阑"的部位向两侧突出，"阑"与剑格极为相似，"内"又恰似短剑的剑柄。此外，商朝早期的无胡直内戈，不仅在外形上，而且在尺寸上也和商朝中后期的短剑极为相似。日本学者梅原末治在其著作《殷墟》中认为剑应由矛转化而来。其实，我们通过夏商时代矛的外形可以确定这一推论很难成立，因为早期的矛近似三角形尖端双刃状，与短剑的双刃尖端直条形相去甚远，并且矛的后端一般没有和前端矛体相连的"剑格"，而戈的"阑"部分恰能补充矛的这种缺陷。所以，矛和有阑直内戈同为商朝早期的双刃尖端利器，在形态结构上与短剑相比后，矛是非常缺乏说服力的，而戈却大为不同，与短剑有着极大的相似性。或者我们更确定地讲，商朝中后期出现的青铜短剑是在商朝早期有阑直内戈的基础上形成的。

根据相关资料，到目前为止一共发现商朝青铜短剑 20 多把，绝大部分不超过 30 厘米。商朝早期的无阑直内戈的长度恰恰与青铜短剑的尺寸基本一致，无阑直内戈本安置在木质长柄的一端，沿袭石钺的轮劈、搂扫技法，但是当木质长柄去掉以后，青铜戈头的双边利刃和圆弧尖端又具有了短金属利器的别样功能，这种功能是戈作为长器械时无法展现的近距离手持直刺、削劈等功能。但是，在商朝乃至一直沿袭至春秋早期，冷兵器的历史展现与技能书写始终以器械的长、远功能为最大优势，如弓箭、矛、钺、戈、戟等。所以，尽管在商朝早期，人们发现了戈头去柄以后新的短兵利器的功能，并逐渐以此为模式铸造出近似戈又有所不同的新的利器——短剑，但是短剑的功能难以进入军中，在商周的奴隶制时代，短剑最多也只能用作贵族的装饰用品，基本不存在其作为短兵利器用以搏杀的情况。

商朝青铜短剑的这种历史存程与青铜刀基本类似，这种情况一直到春秋以后才发生了改变。原因在于以下两方面：第一，商周时代青铜冶炼的局限性使得短兵利器的尺寸极为有限，武术文化发展的早期阶段人们简单的搏杀技能难以实现器械长短并使；第二，商周时代，由于社会形态的限制，武术搏杀技能的存在和传承主要在贵族阶层及军队中，难以在社会的各个层面存在传袭，这造成了武术在这一时期的文化缓行。

除短剑外，戈还有另外一种更加典型的器械变形——戟。戟是在商朝中后期开始出现的，最先是在有胡直内戈的基础上发展起来的，更确定地说，最先是有胡直内戈与矛组合形成的一种新型功能混合的长兵器。戟的这种戈矛组合是在适应车战的情况下的一种新的创造。在车战过程当中，当马拉战车向前突奔拼杀时，最先是弓箭手发挥其优势进行远射，当对方溃败后撤时，弓箭依然可以射杀。而当战车杀入对方阵营时，弓箭虽然还能近距离射击，但威力已无远射的效果，相比之下，持戈的武士在战车上居高临下可以充分施展戈的轮劈、扫砍等技法功能。当战车处于对方军中，向前奔突进行厮杀时，矛虽然作为长器械具有距离优势，但是在战车向前运行时，矛的扎刺功能并不能像戈那样充分施展。当战车在对方军中或因马匹受伤或其他原因受阻不能前行而停止时，持矛勇士在车上可以充分施展矛的扎刺技法，同车下四周的敌军进行搏杀。所以，最初战车的主载武器是戈，后来矛也成为车战的配备武器，二者相比，戈依然是车战中弓箭之外的主力武器。在车战共用戈、矛的情况下，逐步出现了将戈矛功能进行组合的器械，也就是戟。戟出现后在很大程度上可以代替戈和矛，这样在车战中，有了戟的配置就可以替代戈和矛。所以，戟一经出现就是车战的首配器械。对于戟，郭沫若这样解释："徐不知軷之本意，故亦不知戟之所从，云'从戈干省'或作'干声'皆非也。字实从戈軷，戟乃建于车之戈，故从戈軷也，戟字于金文仅一见，即'敤之造戟'时，字作戟，軷字作戟，于车上建旜之形犹存其仿佛。"[1] 从"戟乃建于车之戈"中可也可看出郭沫若这句话的两点肯定：一是"车之戈"，说明郭沫若认为戈是车配之器；二是戟是在戈的基础上创制而成的。因此，毫无疑问，戟也应该是车载之器。对于这一点，《诗经·国风·秦风·无衣》中有"修我矛戟"[2]。郑玄笺："戟，车戟长也"。《淮南子·氾论训》中讲"令

[1] 郭沫若：《说戟》，载郭沫若著作编辑出版委员会编《郭沫若全集》，科学出版社，1982，第177页。

[2] 袁愈荽、唐莫尧：《诗经全译》，贵州人民出版社，1992，第164页。

有重罪者出犀甲一戟"[1]，注云"戟，车戟也，长丈六尺"。这也都说明戟主要是车战配置的长器械。出自西周时期的《周礼·冬官考工记·筑氏》说："戈广二寸，内倍之，胡三之，援四之，已倨则不入，已句则不决。长内则折前，短内则不疾，是故倨句外博，重三锊。戟广寸有半寸，内三之，胡四之，援五之，倨句中矩，与刺重三锊。"[2] 从这段描述中，显可见戈与戟铸造的近似之处。

在众多的商周青铜器研究资料中，商朝戟十分罕见，有资料提到，在河北藁城台西商朝遗址出土的铜兵器中，有一件戈和矛联装在一个木柄上的长兵器，这应该是目前为止发现的人类使用的最早的戟。郭妍利在《商代青铜兵器研究》中提到到目前为止仅发现三件商朝戟。但不管怎样，戟是商朝主要为车战配置的武器这一点是确定无疑的。另外，戟是在戈的基础上发展起来的，从商朝到春秋时期，戟始终是以戈和矛的两种器械联合配置而成的，而没有单体成型的戟。

从戟在商朝的历史初现一直到近代冷兵器的历史尘封，戟作为长形冷兵利器并未大批量在军队装配或者在战场扬威。纵观历朝历代的名将，使用戟者有之，但为数不多，原因主要在于戟的构型所带来的技法使用。戟是戈和矛的组合体，具备戈的搂劈功能的同时兼备矛的刺扎功能，而戈和矛都是单独存在的早期的主力器械，戟把两者组合以后，自身主导技法却无法确定，如果说把戈和矛两者的技法平行组合，这就使得戟的使用技法要远比任何其他长器械复杂得多。这不像刀、枪、斧钺、叉、矛、镗、槊等长器械，如刀（春秋大刀、朴刀等）以劈砍为主，枪、矛、叉等以刺扎为主，斧钺以砍劈为主。戟兼有矛戈的功能，很难确定其主导技法，所以习用起来难度要大得多。商朝虽然出现，也并未大量推广开来，不像矛、戈等长器械的批量使用。所以，即使有使用的也是对于戈和矛的临时组装，一直到春秋后期都没有单体成型铸造的戟。按照商朝后期青铜铸造技术的发达程度，铸造单体的青铜戟应该是不成问题的，并且经历整个西周，戟出现的也不多，同样没有单体的青铜戟，

---

① 许匡一译注《淮南子全译》，贵州人民出版社，1993，第806页。
② 吕友仁、李正辉、孙新梅注译《周礼》，中州古籍出版社，2017，第386页。

还是戈矛组合体。这说明从商周到春秋，戟虽然经历了千年左右的冷兵器历史，却未得到政治的青睐，即使在春秋以后武术文化不断发展的2000多年里，戟的使用相比其他冷兵器械要鲜见得多，究其根源还是最初成型的功能组合所致。

尽管如此，戟在商朝的出现为中国武术文化史注入了新的一笔，而且纵观整个中国武术文化冷兵器史，戟自商朝出现以后一直延续到今天，这一点不像有的器械。比如戈，戈是戟的成型前提与基础，并且自夏朝出现直到战国时代一直曾经是车战的主力武器，但是在秦汉以后，戈逐步完成了其历史使命，退出了中国武术文化历史的舞台。

在三皇五帝篇章中，笔者也曾提及有关资料说"蚩尤造五兵"，这五兵包括戈和戟。但是，我们无论是从今天的考古研究还是远古青铜器研究中都未曾发现夏朝以前的戈，从青铜戈最初的形态——长条直内式来看，在戈以青铜制式出现以前是不可能以石质形态出现的，这一点在前面也已述及，因为戈如果做成石质长条形，它的碰撞都难以抵过木质器械，但是青铜制式就大不相同了。所以，在青铜文化进入人类历史以前，戈是不可能存在的，这样一来也就如前所述戈是随青铜文化的发展与石钺功能结合转化的产物。对于戈的使用技法，学界多以"勾""啄"为定，对此的依据主要来自《说文解字》。《说文解字》中有这样一段叙述"戈者，秘也，长六尺六寸，其刃横出，可勾可击，与矛专刺、殳专击者不同，亦与戟之兼刺与勾者异"。有的学者以此为据，认为戈是勾啄之器，戈的使用技法为勾和啄。

其实，从《说文解字》的这部分叙述中，我们可以看出对于戈与戟的功能的比较描述还存在一个先后倒置的问题，戟本是在戈的基础上发展起来的，所以用戟的功能来对戈加以比较描述存在着先后误区。另外，这种说法也是主要从戈的形态上简单地界定其可以施展的技法功能，未能从戈作为作战冷兵器发展的历史演变出发去研究它出现的原因。再者，如果戈存在着"勾"杀的主导功能，那戈的形态与发展完全有悖于这种说法。戈最早的形态为直内式，后期发展为有胡曲内式，有胡曲内式安装上木柄以后，戈头部分基本呈向上翘起的状态，这显然不利于"勾"的使用，如果用向内"勾"的方式，戈头应该是逐步向内弯曲呈镰刀状的，并且没有必要把戈做成双刃，使用勾的方式只把戈的内援部分做成刃状即可。如果说做成双刃的目的是"啄"，那戈在发展到完善阶段的时候成为有胡曲内式，戈的这种后期发展的完善形态的"啄"的能力显然还远不及戈在初期阶段的无胡直内形态，在初期阶段无胡直内式阶段时，戈貌似有"啄"的功能，如果真有这种技法功能，那戈后期的发展也应该对其加以强化，而不是发展为有胡曲内式并减弱了"啄"的能力，却增强了搂劈或劈砍的能力。

戈从直内式的最初出现直到退出历史的后期发展，从未将"勾"这一技法的使用体现在其形态制式上，因此说戈是"勾"器具有勾的功能是站不住脚的。另外，说戈具有"啄"的功能也背离了戈的本源。有研究者认为戈应该是在石镰的基础上发展起来的，这也只是从戈的形态上进行了简单推测。从戈的外形看，其的确与镰刀有几分相似，但就这几分相似未能从其产生的根本原因加以分析以致出现了天壤之别的推断。

石镰是农具但要作为战争器械却远不可以，在木石混用的中国冷兵器史上，石钺曾是极被推崇的远古武器，这恐怕是毫无争议的，究其原因笔者在前面已有论证。但是当人类在夏朝后期从木石混用的时代进入青铜出现的金属时代以后，首先出现在人类兵器史、战争史、武术文化史等方面的人类使用的青铜武器是戈而不是钺，原因何在？这一点前面已有论述也不再重述。所以，进入青铜文明的初期，青铜钺没有出现，青铜戈却逐步登上历史舞台。戈在中国古代横亘冷兵器史千年之久，在秦汉以后退出了历史，而按照勾啄技法的解释，钩应该是戈退出历史的后期延续，但是钩和戈并没有丝毫联系，戈退出历史舞台的原因也恰恰是它的技法功能有了更有效的替代器械——斧钺和刀完全代替了它的功能并强于它的功能。所以，一方面车战形式的告别历史使得本为车战主导器械的戈无用武之地；另一方面，更重要的原因是斧钺和刀具有远超出戈的劈杀功能，如果说戈曾为车战的主导兵器，车战时代的结束也带来了戈冷兵器时代的结束，那曾经和戈同为车战的主载兵器矛和戟呢？矛和戟为什么没有退出历史舞台，依然作为长器械可以马上步下地共同出现在秦汉以后至今的人类历史中？所以，戈不同于绝大部分冷兵利器，经历了人类历史的一段辉煌过后，有了斧钺、刀等更完备的功能替代，戈便退出了历史舞台，并且没有器械形变的延续，成为中国冷兵器史上的阶段性金属器械。从戟的形态发展也可以说明戈最初由钺转化而来，钺、戈、戟三者的出现存在着因果延续性。戈是在钺的基础上出现的，具有钺的技法功能，而戟是在戈的前提下发展起来的，也具有戈的功能。如果说对于戈，钺的延续性还有疑问的话，戟和戈的延续性可以充分说明戈是在钺的基础上出现的，延续了钺的轮劈功能。戈和钺在形态方面有着较大的差异，以至于有人会把它与农具镰刀联系在一起，但是戟是在戈的基础上发展起来，这一点是毫无疑问的。戟的主要功能技法从最初开始是不变的，只是随着历史的后期发展，戟在技法上相比早期更复杂化。戟最初是戈和矛同体组合形成的。一方面，戟的技法使用的复杂性未能发展成戈、矛等器械般的大规模批量使用；另一方面，青铜戟单体易脆易折，所以一直到战国后期随着青铜器械逐步为铁器所取代这种状况才发生了改变，出现了单体铸成的戟而不再是自商朝出现的戈矛组合体形式。

战国后期随着冶铁技术的发展，戟的这种质地和形态都发生了较大变化，在戟由复合体转变为单体以后，戈头由横向形态转变成了纵向形态，这种形态的转变大大有利于戟的劈砍技法的施展，并且戟由这种一面劈砍后来发展成了双面具有劈砍功能的月牙形态，并且一直保留到今天。

如果说戟最初是戈矛组合的时候它的劈杀功能不明显，那到战国后期戈援的部分由横置转变为纵置就是为了增大戟的劈杀功能而不是把其功能由勾刺转变为劈砍。在现代考古中曾发现春秋晚期至战国时代有多戈戟的出现，这种多戈形态的戟应该是对付古代战马的一种专有器械，而不是用来拼杀的武器，所以这种多戈戟虽有发现却十分少见。对于戈并非具有勾啄功能，除戟的形态发展外还有另外一种专有兵器也可进一步说明，那就是钩镰枪。钩镰枪是真正的具有勾刺功能的专用武器，它是镰刀和矛合并形成的，具有搂勾的主要功能，钩镰枪在战国后期就已经出现了，主要是专门用来搂勾战马腿部的兵器。钩镰枪的形态近似于戈，如果戈的功能是勾啄，那钩镰枪也就没有历史登台的必要了。所以，无论是戈出现的时代还是它延续的器械基础，

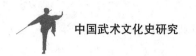

以及戟的形态发展、钩镰枪与戈曾同存于世的现实，这些都说明戈的功能技法是延续了钺的轮劈横扫等形式，并非主要具有勾啄能力，也不是农具镰刀的发展。

夏朝时代已有青铜刀见于历史，目前所知的最早的青铜刀是甘肃马家窑文化遗址出土的青铜刀。根据夏朝出土的青铜刀形制可以推断出那时的青铜刀很难作为兵器使用，小巧的外观应该是用于生活当中，如果是用作兵器，在夏朝青铜文化的初期还是以木石兵器为主导的阶段，这样的青铜刀应该会极受掌权者青睐，也因此会批量进入社会，不会到今天出现极为罕见的情况。事实上，我们打开青铜文化的历史不难发现，即使在商朝后期青铜技术较为成熟的情况下，青铜刀也未能像戈、矛一样批量出现，到目前为止，历史考古也仅发现商朝青铜刀不过百余件。商朝青铜刀的尺寸一般在 40 厘米以内，虽然在江西博物馆目前收藏着一件长 67.9 厘米、本宽 9.0 厘米、柄长 11.4 厘米的蝉纹大刀，形体巨大，据考证属于商朝末期，但是这种情况和目前发现的绝大部分商朝青铜刀有所不同，众多资料表明，商朝直到末期，青铜刀的尺寸很难有见于五十厘米以上者。

在山西石楼和安阳小屯的考古中都发现过青铜刀装置木柄的痕迹。商朝青铜刀的尺寸主要在 40 厘米以内，原因还是在于青铜制品的特点，曾任兵马俑博物馆秦俑考古队队长的刘占成就说过："在检测分析的四件标本中，除 01399 一件含锡量为 18.02% 外，其余含锡量均在 20% 以上，另一件 01395 含锡量'大量'，是说在 30% 以上。""金属学理论告诉我们，如果含锡量超过 20%，由于共析体数量更高，抗拉强度迅速降低，塑性已很差。这样的青铜硬度虽高但已是脆性材料，用这种材料制造的兵器使用时极易断裂。"所以，青铜制品最大的特点就是硬度高，但是脆性极大，河南鹿邑长子口大墓出土过一把 52 厘米的青铜刀，出土时已经断为三截（长子口大墓属于西周初期阶段）。就算在商朝末期，青铜技术已经较为成熟的情况下，青铜刀的尺寸一般也不超过 40 厘米。在这种情况下，又加上商朝冷兵器技术还依然十分简单，器械尺寸的长短成了兵器使用中的主要选择因素，所以这一时期的青铜刀被安装上木柄，像矛、戈、戟等具有距离优势。从刀的外形上看，商朝早期的青铜刀刀体较窄，刀体前端有尖，以后逐步发展为刀体增宽，刀的前端没有了刀尖，更加凸显出那一时期刀的劈砍技法。相比戈的使用，刀略显笨拙，不如戈轻巧灵活，所以二者有极为相似的使用方式，刀却远比戈的使用少得多。在刀的外形发展上，刀体由窄逐步增宽也是为了增强刀的磕碰能力。目前发现的商朝的刀还有一部分属于生活用具或装饰用品，这类刀一般在30厘米左右，相较兵器用的刀，这类刀属于小刀，刀体狭窄，刀柄略长，一般在刀柄尾部有一个动物头形，如牛头、羊头、马头等。这类刀刀体狭小，属于直接握在手中使用的一类，而商朝还是以长兵器在军事中占主导地位的时代，所以这类小刀显然难以具有兵器身份，它的存在有点类似于那一时代的短剑。

现代的考古挖掘也发现商朝装柄大刀的使用大致始于商朝中期，商朝中期的墓葬中有4座出现过刀，商朝后期的墓葬中发现有刀陪葬的有13座。这种刀陪葬的情况说明刀在商朝时代还未曾用作主力兵器，但是相较于戈、矛，它的级别要略高。但不管怎样，商朝是中国大刀实用的开启阶段，为中国武术文化的后期发展又注入了重重一笔。

人类始祖最早使用的石器工具是砍砸器，这甚至是人类最早使用的工具。当文明的曙光照进人类历史时，源出自然的砍砸器被加工成了石斧，而在武器的魅力备受推崇下，石斧发展成了极具杀伤力的石钺，石钺在人类搏杀当中最早展示了人类肢体的挥舞能力。石钺在人类远古的搏杀影响使其发展为后来权利和能力的象征。当人类进入第一文明阶段——夏朝时，钺的权力和能力象征已经非常明显，这一点笔者在夏朝阶段已做过介绍。夏朝后期，青铜兵器已经出现，但是青铜钺十分很罕见，因为夏朝后期是青铜文明的初始阶段，青铜冶炼的艰难使得青铜器十分珍贵，属于贵金属，所以不可能耗费太多的青铜去铸造一件兵器，这种情况下正如笔者前面所说，戈代替了钺。在夏末商初，青铜钺虽有出现却十分罕见，个别的也只能为极少数人铸造。比如商初阶段汤所使用即是青铜钺，《史记·十二本纪·殷本纪》中说"汤自把钺以伐昆吾，遂伐桀"[1]。商汤作为商族的王者显然不同于一般将士，

---

[1] 司马迁：《史记》，中华书局，2006，第12页。

是可以拥有一把青铜钺的。类似还有《尚书·周书·牧誓》讲"王左杖黄钺，右秉白旄以麾"①，《逸周书·克殷解》中也有"又陈常车，周公把大钺，召公把小钺，以夹王"。

这些说明王者一般使用的都是钺，即使到了西周时期，钺还是极为王者所青睐。在以矛、戈、戟、钺为主要兵器的商代，矛为一般步兵使用，戈是车上将士的主配武器，戟是商朝后期部分车战配载的兵器，而钺是商朝王者及少部分高层将官可以配置的武器。即使是在青铜技术已经比较成熟的商朝后期，铸造一柄钺所使用的青铜造价也远比其他兵器高得多，即使是刀的造价也远不能和钺相比。新郑望京楼考古中曾发现一梯形青铜钺，约重 4.27 公斤，妇好墓出土的钺更是达到了 9 公斤。尽管商朝的青铜钺一般重量都达到不到这个程度，但是重量一般也是戈矛的几倍。石璋如曾经对殷墟出土文物做过仔细的分析对比，他通过对小屯成套兵器的分析得出"士兵的阶级与兵器的质量有关，阶级越高质量越好"的结论。应该说在商朝青铜文化逐步走向成熟的近 500 年中，兵器的质量特别是青铜金属兵器的质量是与其重量呈正相关的。在为数不多的青铜兵器之中，钺当属于兵器的最高端，为王者或者部分最高层所将领使用。在这方面，杨锡璋、杨宝成在对商代青铜钺做了分类和演变的研究后也曾经提出过青铜钺的多少、大小直接与贵族身份的高低、军事统帅权的大小有关。② 通过对商朝青铜钺外形进行比较也不难发现，商朝青铜钺的钺刃从初期的较窄向后发展有个逐步加宽的过程，重量一般也在加大。这种情况一方面是因为青铜钺的形态发展是伴随着商朝青铜铸造技术的发展而逐步提高的；另一方面，人们使用冷兵器的技能也在进步，刃部的加大、重量的增加能更加有效地施展钺的劈杀功能和格斗技法。目前，商朝考古有关于钺的发现也能进一步说明钺的使用不同于戈矛等，是极具权利的象征，仅有部分权位至高者可以以此为兵器。到目前为止所发现的近 400 座商代墓室中，发现曾经有钺出土的仅 29 座。这些墓的时间分类也在验证

---

① 曾运乾注《尚书》，黄曙辉点校，上海古籍出版社，2015，第 19 页。

② 杨锡璋、杨宝成：《商代的青铜钺》，载《中国考古学研究》编委会编《中国考古学研究：夏鼐先生考古五十年纪念论文集》，文物出版社，1986，第 130-138 页。

商代钺的发展是随着青铜文化的进步逐渐发展的，在商朝早期仅有 3 座发现过钺，商朝中期的墓有 7 座有钺，而后期的墓中有 19 座发现有钺出土。也就是说在商朝早期，在青铜技术的初期阶段，也只能是类似于汤等王者拥有钺的可能，而到了商朝后期，除了商朝王者，极少数的高层将领也可能拥有一把钺，类似于妇好等。

马衡《凡将斋金石丛稿》曰："矛，宜刺之兵也，三分其长，二为刃、一为尖。刃之脊隆起，脊之两旁微陷，以通空气，取其刃而易拔也。"《周礼·冬官考工记·磬氏》曰："庐人为庐器，戈柲六尺有六寸，殳长寻有四尺，车戟常，酋矛常有四尺，夷矛三寻。凡兵无过三其身。过三其身，弗能用也。而无已，又以害人。故攻国之兵欲短，守国之兵欲长。攻国之人众，行地远，食饮饥，且涉山林之阻，是故兵欲短；守国之人寡，食饮饱，行地不远，且不涉山谓林之阻，是故兵欲长。"[1]矛是直刺武器，是人类使用较早的武器，也是人类使用时间最长的冷兵器械（枪是矛的延续形式）。人类使用的最早武器取自于天然，砍砸器就是人类还未存在加工能力时使用的最早的武器，这一点在现代灵长类身上可见一斑。矛，更确切地说，木矛是人类使用的最早的木质器械，由于木质易腐难存，所以有关于人类最早期的木质武器及其他方面工具的使用今天难以考证，这一点笔者在之前的篇章里也已经做过论述。

我们从很多近乎原始的国内外少数民族部落所使用的武器中可以看到一个共同的特点，那就是矛在原始阶段是比较应手的武器，这不仅是因为它的使用方式简单，还有一个更重要的原因是在弓箭未曾发明以前，矛还可以用作远抛武器，具有远距离射杀的功能。当尖锐的石块被固定在木棒的前端时又比单纯的木矛更加锐利，木石的混用是在只使用木质或石质武器的基础上向前的巨大推进，砍砸器被固定在木棒上也形成了石斧。木石混用的石矛在人类原始之初长久占据着武器的主导地位，即使石斧相比之下更能够把人体的能量以挥舞的方式释放出来，但是石矛的远距离抛射使得石矛不仅能够近搏还可远杀，所以在人类的搏杀技能还很简单的远古阶段，石矛搏杀的远近

---

① 吕友仁、李正辉、孙新梅注译《周礼》，中州古籍出版社，2017，第 410 页。

两用使得这一武器在弓箭出现以前是人类所使用的最主要的武器，当弓箭出现以后石矛的远抛功能才逐步被削弱，它的近搏功能则退居于石斧之后。夏朝青铜冶炼出现以后，石矛首先被替换成了青铜矛头，因为青铜矛头的锐利程度要比石矛大得多，显然具有更大的杀伤效果。

在夏朝后期青铜文化初现的阶段，青铜被视作较为珍贵的金属，石钺制作对于青铜要求的奢侈使其难以像石矛那样容易进行金石置换，所以石矛较早地被改换成青铜矛，这种情况下人类开始了金石并用的时代。商朝以后，随着青铜冶炼技术的发展，各种武器都逐步采用了青铜，人类开始进入完全的金属武器时代。矛在商朝一方面是主力的作战兵器，它用于步战和车战，不像戈、戟主要适用于车战；另一方面，和戈、戟、钺等兵器相比较，矛还有造价比较低的优势。最主要的是在戈、矛、戟、钺等商朝主导近搏兵器当中，矛刺、扎的主导技能使它成为步战当中给士兵配备的最主要武器。

迄今为止，在有关于商朝考古的墓葬当中，发现矛的不是很多，但是在安阳侯家庄西北岗 1004 号墓南墓道中曾经一次出土成捆的矛 700 多件。原因主要在于有陪葬品的一般是将官或者当时的高层贵族领导者，陪葬品自然就应当是墓主人所使用的或者比较喜欢的兵器，而矛为一般兵士所用，所以一般墓里不用矛做陪葬，如比较典型的妇好墓陪葬有两件较重的青铜钺分别达到了 8 公斤和 9 公斤，但是妇好墓中没有 1 件矛。上面所述曾有 700 多件作为一次性陪葬也说明矛作为武器的存在价值显然没有钺那么珍贵，也不如刀、戈、戟等，这些主要是车上主将使用的兵器。

矛从夏朝时代的青铜文化的初始阶段便进入金属武器行列，它不仅是人类历史上最早出现的木质武器，也是人类史上最早进入金属武器时代的兵器之一，和矛同时在夏朝进入金属武器时代的还有弓箭，箭头由石质换成了青铜箭头。在商朝，矛在批量使用的条件下有了长足的进步，成为车兵与步兵可以共用的兵器，特别是商朝中后期在车战配置的情况下，矛的形制得到了很大的发展。商朝矛的形态主要经历了柳叶形、三角形、亚腰形几种形态，大致趋势是矛体由宽变窄，锋利程度不断增强，杀伤效果逐步增大。2003 年，安阳孝民屯商代墓葬中出土一个带木柄的矛，木柄长 2.6 米，加上矛头总长

2.75 米。[1]有的学者认为，结合当时战车的情况，这一尺寸的矛的长度还达不到当时车战的需要。根据目前有关资料能够确定周代车战配置的长矛长为3.5～4.3 米。显然，周代的战车要比商朝时代进步不少，那么在武器配置上同样也会出现变化，在这种情况下，商朝车战时所用长矛不足 3 米，而周代在 3.5 米以上显然有极大的可能。在安阳大司空的考古挖掘中曾发现 10 件青铜矛，这些青铜矛的木柄约长 1.4 米。[2]这类相对木柄较短的矛显然无法用作车战之器，但是矛在当时除用作车战外还更多地为步战所用，在车战方面矛总体来说优势并不强于戈，但作为步战之器矛的直刺功能显现出更大的优势，所以像这类 1.4 米左右的矛应该是步战时步兵使用的主要武器。矛在东汉以后逐步转变成了枪，枪直到近代一直是比较普通的冷兵器，现代的枪长通常在两米左右。现代枪的尺寸是在武术技能已经发展到巅峰时代且综合了枪的各项使用技能而确定的，包括器械尺寸的优势，使用起来可长可短，具有长短兼顾的器械特点等。

在商周时代，武术技能的匮乏、搏杀能力的稚拙等使得武器的尺寸优势非常明显，因此才有了以上提及长器械能达到 4 米多的情况。所以，现代考古发现的矛、戈、大刀等尺寸存在 1.5 米左右的情况应该不是单纯的单一器械使用，而是和盾结合使用的一种方式。这种组合使用方式在安阳小屯村乙组基址的考察中曾有发现。另在有关资料中也有对类似组合器械使用的描述，如《周礼·夏官司马·虎贲氏》中有"方相氏掌蒙熊皮，黄金四目，玄衣朱裳，执戈扬盾，帅百隶而时难，以索室驱疫"[3]。在器械组合使用时，在单手掌控的情况下，器械的长度在 1 米左右比较合适，如果是还要凸显攻击器械的尺寸优势，把器械长度增长到 1.4 米左右也是有可能的。总的来说，这种组合使用的情况虽有但不多见。

商朝时代中华文明刚刚经历了夏朝初启的短暂伊始，人类文明的郑重孕

---

① 中国社会科学院考古研究所：《安阳殷墟花园庄东地商代墓葬》，科学出版社，2007，第 221 页。

② 马得志、周永珍、张云鹏《一九五三年安阳大司空村发掘报告》，《考古学报》1955 年第 1 期。

③ 吕友仁、李正辉、孙新梅注译《周礼》，中州古籍出版社，2017，第 279 页。

育和商朝时代青铜文化的快速发展使得戈、矛、戟、铖、大刀等长器械在中国武术文化史上开始大放异彩。在这样一个人类文明刚刚经历过一个初始时期（夏朝）的情况下，冷兵器在青铜文化的催化下得到了极大的发展，但是由于人类搏杀技能的简拙，对于武器的明显依赖依然是一个重要的特征。

即使在今天中国武术文化璀璨博大，武术技能亦纷繁无极的时代，还依然存在着这样一种非常形象的说法——一寸长、一寸强。冷兵器尺寸长短所带来的优劣一直是冷兵器时代阵前相搏时所要考虑的重要因素，因此也明显成就了商朝时戈、矛、戟、铖、大刀等兵器的快速发展，这种情况一直到战国时代冶铁业的发展带来了硬度和韧性都极强的铁质刀剑才有了转变。所以，可以毫无疑问地肯定，商朝时代是明显的以长兵器为主导的时期，在这个阶段虽有以上所提及剑、刀等短兵器的出现，却很少用到作战当中。但是，有一项短兵器在商朝考古中曾屡屡发现，这就是戣。到目前为止，戣的发现大约有150件，《说文解字》曰："戣，周制侍臣执戣立于东垂兵也。从戈，癸声。"《尚书·周书·顾命》曰："一人冕，执戣，立于东垂。一人冕，执瞿，立于西垂。"① 另外，在有关金文的图绘中曾出现关于戣的图形，如图 3-2 所示。

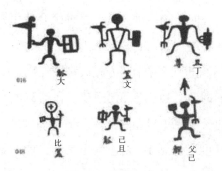

图 3-2　戣的图形

从图形的特征不难看出，图中人物所持武器即是戣。戣又称为三角戈，在一定程度上近似于早期的无胡戈，呈三角形。它明显不同于戈的特点是两刃不锋利，主要靠尖端攻击，以啄、劈为主要技法。通过金文图形可看出，

① 曾运乾注《尚书》，黄曙辉点校，上海古籍出版社，2015，第157页。

戣还有一个明显的特征是持戣者一般另一只手还持有一方形或长方形扁形物体，这是和戣配合使用的器械——盾。根据目前的考古研究，结合商朝青铜文化的发展可以基本确定戣是商朝中后期出现的兵器。在商朝长兵器占据明显优势，戣这样的短器械显然处于劣势，它的存在主要是和盾配合使用。通过现代的考古挖掘也发现戣在商朝使用的数量比较有限，因为它在阵战当中不具备优势，但是它唯一最大的使用功能是对付弓箭。

　　纵观整个冷兵器历史，盾牌的使用主要在遇到弓箭射杀时才会发挥出其特有的防护功能。盾作为遮挡性的防护工具应该是在弓箭出现后便逐渐登上冷兵器史，因为弓箭的远距离快速射杀没有其他有效的防护方法，也只能借助盾牌加以遮挡。当使用者手持盾牌时，所剩的只有另一只手可以对兵器加以使用，而长器械显然难以在一只手的操控下灵活施展，在这种情况下，戣在戈的基础上应运而生了。由于戈是长器械，主要功能是搂劈、横扫等，这类技法所需要的力量消耗比较大，所以戣简化了戈的形态，功能也相应地发生了改变，主要依靠尖端进行啄劈，这样装一短柄，可以单手充分施展，这一点类似上面所提的矛、戈、大刀等短柄装置。戣能防护弓箭的射杀，同时当在盾牌的防护下在接近弓箭手时又能展开近距离攻击。戣作为商朝时代开始出现的短兵器，是人类历史上较早出现的短兵器之一，它的明显特点是和盾的结合使用。应该说离开了盾，戣也就失去了使用价值，所以这种兵器在历史上出现的不多，而且时限也不长，到了战国时代，它逐步被刀剑所代替。

第六节　商朝射术与教育

　　前面篇章已经述及弓箭是较早进入冷兵器历史的，可以说，在人类文明的初始阶段，弓箭就已经发挥了巨大的历史影响。这种历史影响和文化魅力在木石混用的冷兵器初期已经非常明显。经历了三皇五帝阶段的缓行以后，夏朝几百年的文化推进已经把弓箭的能量发挥到了极致。进入商朝，弓箭成为中华文化最早传播的途径之一，也是中华冷兵器和中国古代教育在中华文明进入文字时代后最先进行结合的最重要的远古教育形式。

在夏朝篇章中笔者已说明是夏朝揭开了人类文明的新篇章，也开启了人类学校教育的初端。商朝是在夏朝的基础上建立起来的，文明自然又向前跨进了一步，教育也不例外，对于商朝的教育，在此再以相关资料证明一二。《孟子·滕文公章句上》曰："设为庠序学校以教之：庠者，养也；校者，教也；序者，射也。夏曰校，殷曰序，周曰庠。"①《礼记·明堂位》曰："米廪，有虞氏之庠也；序，夏后氏之序也；瞽宗，殷学也；頖宫，周学也。"②《通典·礼十三》中也有注解："有虞氏大学为上庠，小学为下庠。夏后氏大学为东序，小学为西序。殷制大学为右学，小学为左学，又曰瞽宗。"③《礼记·王制》也讲："有虞氏养国老于上庠，养庶老于下庠。夏后氏养国老于东序，养庶老于西序。殷人养国老于右学，养庶老于左学。周人养国老于东胶，养庶老于虞庠：虞庠在国之西郊。有虞氏皇而祭，深衣而养老。夏后氏收而祭，燕衣而养老。殷人冔而祭，缟衣而养老。周人冕而祭，玄衣而养老。凡三王养老皆引年。"④《诗经·大雅·文王之什·灵台》陈奂疏曰："辟雍始于殷。王制之右学，祭仪之西学，明堂位之瞽宗，皆殷之辟雍也。"⑤《礼记·王制》曰："天子命之教然后为学。小学在公宫南之左，大学在郊。天子曰辟雍，诸侯曰頖宫。"郑玄注曰："此小学、大学为殷之制。"⑥从以上诸多描述中不难看出，商朝学校在夏朝以后有了诸多称谓，类似左学、右学、序、庠、瞽宗等。另据清代学者的考证，先秦文献中之"学""大学"为商朝学校的总名，发而言之则有庠序瞽宗等称。但无论名称如何，文献所记商朝学校的教学活动内容与卜辞所记殷学教学活动内容是基本一致的。另外，通过商朝的有关甲骨卜辞也可看出商朝时代关于教和学的现实记录，例如：

---

① 朱熹：《四书章句集注》，中华书局，1983，第 255 页。

② 阮元校刻《十三经注疏》，中华书局，1980，影印本，第 1346 页。

③ 杜佑：《通典》，中华书局，1984，影印本。

④ 崔高维校点《礼记》，辽宁教育出版社，1997，第 129 页。

⑤ 袁愈荌、唐莫尧：《诗经全译》，贵州人民出版社，1992，第 372 页。

⑥ 崔高维校点《礼记》，辽宁教育出版社，1997，第 132 页。

甲寅卜，乙卯子学商，丁侃，用。

甲寅卜，乙卯子学商，丁侃。

丙子卜，贞，多子其。

丙子卜，多子其学，不遘大雨？

于大学寻？

丁巳卜……右学……

于右迺教？

丁酉卜，今旦万其学？吉。于来丁乃学？于右学？吉。若商于学？吉。

丁酉卜，其呼多方小子，小臣，其教戒。

乍学于[入]，若。

丁卯卜，子其入学，若，侃，用。

丁酉卜，今日丁不其学？吉。于来丁乃学？

从以上甲骨卜辞的有关记载中不难看出商朝时代关于学和教的某些状况，商朝教学的存在和发展是在夏朝的基础上向前做了推进，这应该是毫无争议的。对于商朝的教育状况，郭沫若分析有关卜辞时曾提出"据此可知，殷时邻国多遣子弟游学于殷也"。① 郭沫若《殷契粹编》中有一条反映商朝武艺教育的重要史料："丁酉卜，其呼以多方小子小臣其教诫。""教诫"在甲骨文中像人执戈，眾以戒备。《说文解字》说"'戒'警也，从甘，持戈以戒不虞'"。可知"教诫"一词，即指武艺的传授。"多方，多国也"，这条卜辞，表明商朝四周的邻国派遣子弟来学习武艺。"② 在前面的夏朝篇章中笔者已提到人类文明的第一个冷兵器历史阶段便有"夏道尊命，为政尚武"之说，进入商朝时代以后，对于尚武之风，商朝显然相比夏朝有过之而无不及，诸多资料描述可以肯定整个商朝时代是一个尚武的历史朝代。夏朝作为一个文化符号初现的时期始终把教育重任让位给了武道技能，也就是武术文化初期阶段人类拥有的稚拙的搏杀技能。

① 郭沫若：《殷契粹编》，科学出版社，1965。

② 国家体委武术研究院编纂《中国武术史》，人民体育出版社，1997，第24页。

　　进入商朝，文字虽然有了明显进步，甲骨卜辞开始把历史明晰起来，但是并没有改变整个社会依然把尚武崇技放在教育首位这一情况。事实上，武化教育自夏朝开启中华教育的篇章一直到春秋时代始终是教育的重中之重，一直到了春秋之后，随着中华文化的大爆发，出现了诸子百家的时代，中华教育才驶入文进历史的轨道。对于商朝的学校教育，袁俊杰在《两周射礼研究》中提出："商代确已设立学校。受教育者主要是贵族子弟，教学内容主要是习武和学习礼乐歌舞。"[①] 商朝的教育对象依然类似于夏朝时期，是贵族子弟的教育，武术技能的教学内容相比夏朝时期则有了明显的变化，最突出的一点是商朝时代青铜金属利器的推进，有了类似戟、大刀、戣等新兵器的发展，在技能传授上也有了新的发展，武术器械的内容明显丰富于夏朝，另一个重要方面是射术的继承与长足推进。甲骨卜辞中有许多关于"射"的记载：

　　戊子卜，在，子其射，若。

　　戊子卜，在，子弜射，于之若。

　　戊卜，子入二弓。

　　戊卜，二弓以子田，若。

　　癸亥卜，子用吉弓射，若。

　　乙未卜，子其入三弓，若，永用。

　　戊戌卜，在，子射，若。不用。

　　戊戌卜，在，子弜射，于之若。

　　己亥卜，在滩，子其射，若。不用。

　　弜射，于之若。

　　甲午卜，在，子其射，若。

　　甲午，弜射，于之若。

　　己亥卜，在滩，子其射，若。不用。

　　乙巳卜，在，子其射，若。不用。

① 袁俊杰：《两周射礼研究》，科学出版社，2013，第72页。

乙巳卜，在，子弜迟舞弓，出日。

叀弓用射。

叀弓用。不用。

丙午卜，子其射，疾弓，于之若。

戊申卜，叀疾弓用射隹。用。

癸丑卜，争，贞吴以射。

贞勿令，以三百射。

登射三百、勿登射三百。

贞，命禽致三百射。贞：勿命禽致三百射。

乙酉卜，于丁命马。惟三族命马。

　　这些只是部分甲骨卜辞中有关射的记载。除甲骨卜辞外，商朝金文也有有关商朝射的记载。比如中国国家博物馆收藏的一件殷商铜鼋，其铭文说："丙申，王迮于洈，获。王一射，射三，率，无废矢。王令寝馗既于乍册般。曰：奏于雍。乍母宝。"铭文大意是说商王于洈水竞射，王一射，佐助者三射，皆命中目标，获得大鼋，颁功封赏，赐乍册般，又奏乐谱咏其事云云。这可与《殷墟花园庄东地甲骨》的内容相互印证。

　　一方面是文字刚刚登上历史舞台，仅是剔除了以简单符号加以说明的形式，另一方面则是金属利器代替了木石兵器下有限的几种长柄兵器的稚拙技能，这些都造成了商朝的教育毫无疑问地选择了相对来说传承悠久，且技术已经相对稳定，杀伤力具有明显优势的弓箭。同时如前所述人类初期稚嫩的文明对于野蛮约束力量的柔弱使得战争与厮杀始终不断上演。这也迫使当时的王侯贵族也要采取最有效的方式来应对这种野蛮与暴力，那就是首先要强化自身和家族，具体来说就是体现在应对暴力与厮杀的能力方面。显然这一切条件毫无疑问地把弓箭射术放在了教育的首位，这种权利支配下获取的拼斗教育在人类文明社会的初期阶段十分明显，而且别无替代，这一点在夏朝时期已经体现得非常明显了，在商周时期，这一教育形式并未改变，而且在延续性上得到了提高。

　　这一人类教育初期的形式极为局限，仅是王侯子弟与贵族后代的特享之权。这种以教育的形式进行射术传授与军中进行的单纯为作战进行的射术训练有着根本的区别。军中训练射术以勇武拼杀为目标，要兵士誓死捍卫王权，训练并不追求单箭的精准而是群射的威力与效果。教育的射术显然不同，因为是如上提及的王侯及贵族子弟的特权教育，这就要求技能的高超是最终追求的目标。王侯贵族子弟在当时明显是以弓箭为主的教育的传授对象。对此，宋镇豪在《从花园庄东地甲骨文考述晚商射礼》也曾指出："然据近出甲骨文金文材料确知，逐渐脱离宗教权威支撑而用来体现贵族子弟矢射技能高下的射礼，早在晚商就已经流行。""据近年刊布的《殷墟花园庄东地甲骨》及新见金文材料确知，逐渐脱离宗教权威支撑而用来体现贵族子弟矢射技能高下的射礼，其实并非旧说所谓'夏殷无文，周则具矣'，也并非只盛行于西周以降，这套射礼早在商朝就已经流行，周代不过是继承而有所革替而已。晚商时期的射礼，尽管尚维持着与祖先祭礼的种种联系，但社会化功能取向的世俗因素已明显偏重，成为贵族子弟必须谙习的基本技能。"这一点在卜辞中也略有显现，例如：

　　癸亥卜，子▇用丙吉弓射，若。

　　乙未卜，子其入三弓，若，永用。

　　乙未卜，子其往于阤，获，不疐。获三鹿。

　　乙未卜，子其往于阤，获。子占曰：其获，用。获三鹿。

　　戊戌卜，在，子射，若。不用。

　　戊戌卜，在，子弜射，于之若。

　　己亥卜，在濉，子其射，若。不用。

　　甲午卜，在麗，子其射，若。

　　己亥卜，在濉，子其射，若。不用。

　　乙巳卜，在，子其射，若。不用。

　　乙巳卜，在，子弜迟葬弓，出日。

　　丙午卜，子其射，疾弓，于之若

戊戌卜，在汿子射若？不用。

戊戌卜，汿在，子射于之？若。

己亥卜，在吕，子其射？若？不用。

己亥卜，在漳，子其射，若，不用。

己亥卜，在凛，子其射，若，不用。

从以上可以看出有关于"子"习射的情况，地点是在滩、麗、汿、吕、滩、凛等地。对于"子"为何人，现在有多种说法，有武丁之"子"说、阳甲之"子"说等。例如：李学勤先生提出，花园庄东地 H3 卜辞的"子"可推定为朝中大臣，其内涵较爵称的"子"要更广泛一些。《殷墟花园庄东地甲骨》前言认为子是族长，可能是羌甲（沃甲）之后这一支的宗子，且为朝中重臣。《殷墟花园庄东地甲骨》前言指出子地位高、权力大这一点，基本成为学界共识。杨升南先生提出"子"就是武丁子孝己，朱凤瀚先生认为学术界现已公认花东卜辞中的子是商人贵族家庭内宗子之称。不管是谁"子"，首先一点可以肯定的是贵族之"子"，或某王之"子"，非凡众之"子"，否则不可能有条件和机会以甲骨之记多存于世。对于"子"射，袁俊杰也曾提出："由于商朝统治者非常重视王子小臣的教育，弓矢竞射礼已成为贵族子弟必须熟练掌握的基本技能。他们所进行的射礼，甲骨刻辞称之为子射。"[1] 有关于商朝王子学射，丁山在《商周史料考证》中也曾以以下卜辞散证提出，"我想，这类卜辞，可能即王令多子学射于射宫"[2]。从丁山的论述中不难看出，丁山认为王子属习射者"子"的一类。对于这一时代"子"入学或求学的情况，卜辞当中也略有显现，例如：

贞，火不其勹射。

贞，不其勹射，八月。

贞，射衔从阳。

① 袁俊杰：《两周射礼研究》，科学出版社，2013，第 70 页。

② 丁山：《商周史料考证》，沈西峰点校，国家图书馆出版社，2008，第 109 页。

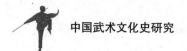

贞，翌己卯，令多射。二月。

贞，多射不至众。

丙子卜，贞多子其征学，版不黄大雨。

丁卯卜，子其入学，若，侃，用。

丁酉卜，今旦万其学？于来丁乃学？于乙审学？若丙学？

丁酉卜，其呼多方小子，小臣，其教成。

乍学于入，若。

对于"子"入学后的具体学习情况，似乎卜辞未有记载，而在卜辞中类似以上"子"与射的关联却并不少见，根据子与射的关联记载也可证实射是子最突出的本领之一，而子这种突出本领毫无疑问是后天习得的。子入学，学为何来？卜辞及商朝其他历史遗痕对此难做说明，但是通过商朝之后西周及其后的部分史料，我们可以肯定"子"入学或求学学射的史实。例如，《礼记·内则》"成童舞《象》，学射御"[1]，《甲骨文献集成》"王令静司射学宫，小子及服及小臣及夷仆学射"，《礼记·射义》"天子将祭，必先习射于泽"[2]，《春秋穀梁传·昭公八年》"其余与士众习射赞射宫"[3]。这一时期射术的教学者一般是技能比较高超的武将甚至是商王。在卜辞中有如下记载（图3-3）。

---

① 阮元校刻《十三经注疏》，中华书局，1980，影印本，第1471页。

② 同上书，第1689页。

③ 同上书，第2435页。

甲　□□［卜］，㱿，［贞令］𠂤……
　　贞亩異令𠂤三百射。四
　　贞令𠂤𢽏三百射。四
乙　癸巳卜，㱿，贞令異𠂤三百射。
丙　贞［令］□［𢽏］三百［射］。
丁　贞令異［𢽏三百射］。（《合集》5771 甲乙丙丁）
甲　癸巳卜，㱿，贞令𠂤𢽏射。一
　　贞亩異令𠂤射。三
乙　癸巳卜，㱿，贞亩異令𠂤射。三
丙　贞令𠂤𢽏三百射。
丁　勿隹異令𠂤。
戊　贞令［𠂤］𢽏三百射。（《合集》5770 甲乙丙丁戊）
　　癸巳卜，㱿，贞令𠂤𢽏射。一
　　癸巳卜，㱿，贞亩異𢽏射。一
　　贞亩異令𢽏射。一
　　贞勿［亩］異令。六月。
　　贞令𠂤𢽏三百射。
　　贞勿令𠂤𢽏三［百射］。（《合集》5772）

图 3-3　卜辞记载

对于以上所记载的"令𠂤𢽏三百射"，陈梦家先生认为"𢽏"即《说文解字》中的𢽤字，在这里是假作养或痒（𢽏）用，如动词"教"，意思是命令𠂤教射，有时还指令其教三百射手。对于𠂤的武将身份，卜辞也有记载：

辛丑卜，贞：𠂤以羌，王于门。三
辛［酉］贞：王其逆［𠂤］……
壬戌贞：王逆𠂤以羌。一
辛酉贞：王□𠂤以羌南门。
丁巳卜，贞王令𠂤伐于东封。

对于以上有关𠂤的记载，宋镇豪以为："'以羌'谓致送羌俘，□□乃寻字，'王寻𠂤以羌'例同'王逆𠂤以羌'，寻亦有逆意。'以羌''寻𠂤''逆羌''逆以羌'皆为献致羌俘礼。""贞王令𠂤伐于东封"是商王命令㝈东征。以上卜辞对于㝈的记载和宋镇豪先生的有关解释，以及陈梦家先生早期的考证都说明㝈是商朝的武将，不仅战时领兵作战，而且还担任射术教官，在痒教射。以此类似，无疑异也是商朝和㝈一样具有武将和射术教练双重身份的人。这是武将担任射术执教者的部分记载，另外卜辞中还有商王亲自任教射术的情况：

> 辛亥卜，□，贞王其□衣，不□雨。
>
> 丙寅卜，充，贞翌丁卯王其教，不汇黄雨。
>
> 之日王学，允□不黄雨。
>
> 庚寅卜，争，贞王其教，不黄雨。
>
> 此外，对于商王主持教射之事比较典型的铭文有商作册般铜鼋铭文：
>
> "丙申，王选（弋）于垣，隽（获）。
>
> 王射**奴**，射四，率亡（无）**澧**（废）矢。
>
> 王令（命）**害**寝馗兄（贶）于乍作册般，
>
> 曰："奏于庸，乍（作）女（汝）宝。""

这篇铭文的大体意思是说：丙申日这一天，商王在恒水的地方对准了一只鼋射箭，射了四支箭，这四箭都把鼋射穿了，没有浪费箭枝。事后商王命令寝馗把他射中的鼋赏赐给史官作册般，并且说："将四射皆贯的这种射术铭记到庸器上，作为你的宝物以作纪念。"

对于这篇铭文的描述，王辉在《商周金文》亦提出这是商王"主持教习射箭事"[1]。对于商王主持习射或作射之示范我们也可从其他有关古籍描述中看出，如《仪礼·乡射礼》贾公彦疏讲："天子有泽宫，又有射宫，二处皆行射礼者。泽宫之内有班余获射，又有试弓习武之射，若西郊学中射者，行大射之礼，张皮侯者是也。泽宫中射，将欲向射宫，先向泽宫中试弓习武之射，此习武之射无侯，直射甲革堪质。"[2]对于"射宫"，郑玄说"学，

---

① 王辉：《商周金文》，文物出版社，2006，第98页。

② 阮元校刻《十三经注疏》，中华书局，1980，影印本，第1011页。

大学也射，射宫也"①；丁山曾提出"序当为廙，即射宫"②。对于"序"，前面已提过有关资料把商朝学校称作序，并且说明序是学射的地方，至于廙，通射，是中国古代文字的一种混用。对于射，郑玄也讲"射，射宫也"③。

所以，综上看来，在商朝，商王有射宫，射宫就是传习射术的地方，并且射宫和商朝以后很多有关"序"的记载是同一地方。因为在商朝甲骨中还没有序的记载，仅是在金文中出现了廙，《金文编》中对于后来出现的序的解释也是用作廙，陈梦家也提出"序库塾堂是陆上习射的地方"④。可见，商王不仅是传习射术的主教者之一，而且他们教授射术一般有专门的地点叫作射宫，也就是商朝以后所讲的"序"。

至于商王何以射术如此精湛，前文已有所述，不仅是夏商周时代，自从人类文明伊始，纵观整个冷兵器时代，任何朝代的开国之君必定能够战阵拼杀、勇武非凡。这一点在春秋之前的人类文明早期阶段体现得更为明显。频繁的战争和暴力争夺使得这些王者必须不断加大自己的军事力量，还要使自己自身强硬，才能立足于混斗拼杀的乱史之中，并能保存甚至发展自己的势力范围。在射术已经发展到相对较为成熟的商朝，商王没有任何理由拒绝这一最具威力的技能，他们必须尽可能掌握这一冷兵器和最有效的搏杀方式，并且把它传授给自己的后代，因此也就在中国教育的远古初端，有了射术与王权贵族子弟密切联系的形式。对于远古武术技能的影响及其和教育的联系，周伟良在《中国武术史》中也曾指出："为了能够在频繁的军事战中获胜，因此，要求人们尽可能熟练地掌握运用兵器技能就成为一种必然。于是，战前的格杀技能训练与教育就成了原始先民社会生活中的一件大事。"⑤这种以武术技能为主要教育内容的形式进入西周以后被明确进六艺之中，不仅如此，当中国冷兵器时代的"武考"和科举考试几乎同启并举时，射术被当作考试选拔的重要内容。

① 同上书，第 850 页。

② 丁山：《商周史料考证》，沈西峰点校，国家图书馆出版社，2008，第 124 页。

③ 阮元校刻《十三经注疏》，中华书局，1980，影印本，第 850 页。

④ 陈梦家：《射与郊》，《清华学报》1941 年第 1 期。

⑤ 周伟良：《中国武术史》高等教育出版社，2009，第 10 页。

第四章　西周篇

第一节　尚武的延续

在前面夏商篇章中，我提到文明的曙光虽然已经照进中华历史，但是未能够给文化发展注入足够的能量，特别是文化载体文字的稚拙也仅在商朝以甲骨始有疏显。而文明初始的千年未能将人类的野蛮充分束缚，人类的冲突与征战密集上演，使得"夏道尊命，为政尚武"，便早早开启了夏商时代的武道征程，尚武一直是夏商千年不变的延续。进入西周以后，这种远古尚武之风依然尤烈。虽然也曾有学者提出西周时代是文武并重的时代，但是，从今天相关西周的考古以及古史资料说文武并重还是略显苍白。尚武独宠一直是夏、商、西周的时代主题，也只有到了春秋以后，诸子尽现、百家兴起，中华文化进入了中华历史上第一个迸发时代，文武并重才有了时代的上演。对于西周继夏商之后的尚武，首先可以从周族在建西周以前的武力强大管窥一斑，周族的著名祖先便是史书所载公刘，公刘时期周族的武力已是非常强大，因此有了以迁徙为名的征伐，如《诗经·公刘》载："笃公刘，匪居匪康。乃埸乃疆，乃积乃仓；乃裹餱粮，于橐于囊。思辑用光，弓矢斯张；干戈戚扬，爰方启行。"[1] 对于公刘的南迁，郑笺认为："公刘之去邰，整其师旅，设其兵器，告其士卒曰：为女方开道而行。明己之迁，非为迫逐之故，乃欲全民也。"对于公刘的迁徙毛传认为："公刘居于邰，而遭夏人乱，迫逐公刘。公刘乃辟中国之难，遂平西戎，而迁其民邑于豳焉。"

显然，公刘无论是"非为迫逐之故"，还是"平西戎"都是仰仗武力强大。另外，公刘在早期的国都"京师"中就已经建有族群集体活动的厅堂，称作"依"，这种厅堂就是后来被称为"明堂"或"辟雍"的地方，成为周

---

[1] 袁愈荌译诗，唐莫尧注释《诗经全译》，贵州人民出版社，1992，第388页。

贵族练武、习射等重要的活动场所。对于辟雍，杨宽提到："到文王、武王时，虽然早已有宗庙的设置，辟雍也还是举行祭祀、各种典礼，宣布政令，以及宴会、练武、奏乐的地方。"[①] 周武王也是因为有灭商的武功而有"武王"的称号。《执竞》中有"执竞武王，无竞维烈"[②]，《武》篇中也有"於皇武王，无竞维烈"。对于西周的尚武，史学家杨宽曾提到："周公把文王在大蒐礼中应用的鼓和车、武王在克商战役中应用的甲赏给唐叔，作为首要的礼物，其目的就是要求唐叔继承其先祖尚武的传统、胜利的余威，达到'匡有戎狄'的目的。"[③]

2004 年 10 月至 2005 年 10 月，在位于西安市长安区东南约 5 公里的杜曲镇东杨万村发掘了西周时代墓葬 429 座。考古界将此遗址命名为"少陵原西周墓地"。西周墓地的考古发现一个墓葬共有的现象，就是墓中普遍有青铜短剑作为随葬品，甚至一些女性墓葬也有不少兵器陪葬。这成为西周陪葬的一种标示现象，这一现象在中原地区古代墓中极为罕见。考古专家认定这是周人尚武的一种见证。根据《逸周书·世俘解》记载，武王曾经灭掉 99 国，俘获 31 万人，降服方国部落 652 个。如此辉煌的战功没有强大的武力是不可能实现的，这种强大武力的存在必须有尚武思想的推动和支撑。

第二节　西周武舞

武舞由来已久，在前面夏朝篇章我已略作论述，这种形态的运动到了西周时期已经有明显的新的发展。"武"与"舞"本为谐音，二者本源不同，却又有着密切关联。对于"武"的由来，前面已经详解不再重述，而"舞"来源完全不同于"武"。对于"舞"我们现在常遇到类似于手"舞"足蹈、轻歌曼"舞"等表述，舞是人类的情感的表达或外显，舞的来源亦是很久，应该是与人类的由来同步的，只是最初阶段舞动肢体以表达内心的方式比较

---

① 杨宽：《西周史》，上海人民出版社，2003，第 117 页。

② 袁愈荌译诗，唐莫尧注释《诗经全译》，贵州人民出版社，1992，第 388 页。

③ 同①书，第 383 页。

简单原始，随着人类文化的推进，"舞"才逐渐有了发展。世界上每个民族都有自己的舞蹈，不管这个民族的生存状况如何，是先进还是落后，是原始还是现代，他们都有属于自己民族的舞蹈形式。武术作为技击文化亦是如此。谈及"武"与"舞"的关联，我们对于"舞枪弄棒""舞动如飞"等词语也不陌生。其实，不管是"舞"还是"武"，二者都是肢体运动的形态表达，只是在表达的目的上有着天壤之别，二者的根始源起也截然不同罢了。但是当二者都发展到一定程度的时候，便有了可以借鉴的机会和能力。这是文化发展不可拒绝的特性，正如陈序经在文化成分的关系中所提到的："这些文化的成分，无论在哪一种文化里，都可以找出来。在最高级的文化里，固可以找出这些成分，在最野蛮的文化里，也可以找出这些成分。现在的文化里，固可以找出这些成分，在古代的文化里，也可以找出这些成分。文化是人类生活的总和，文化成分不外就是这个总和的分析。"[1] 众所周知，春秋阶段是中国历史上的文化大爆发时代，出现了诸子百家的社会繁兴状况，在春秋之前西周约七百年的时间里，中国文化经历了远古时代一个快速孕育发展的时期。六艺教育的历史登台是一项典型的证明。在这个历史阶段，武术与舞蹈两项源始已久的人类文化有了更多的融合契机和元素，因此，武舞明显不同于此前的历史阶段。

中国的历史经历了夏商千年之久的哺养，进入西周时期已经初现武至文成的聚化现象，在这一时期开启了中国历史的文武丕现时代。进入西周阶段后，刚刚经历了中华文字的远古雏形——甲骨阶段，开启了高阶模式的金文，社会文化的蓬勃发展已经超越了文字的承载，文与武的融合并进也显得相得益彰。相比夏商两朝时期武舞的狂野，西周武舞有了浓厚的文化乳润，"武"的本价和始构温和了许多。并且相对于夏商武舞的存在，我们更多地尊崇历史的本真去推现这一特有的人类文化原貌，而能得到证实的历史刻痕与甲骨留迹实在少得可怜，根本难以铁实强现武舞的始貌及本真。

西周时期，这一情况则有了明显改观。周伟良先生在其所著《中国武

---

① 陈序经：《文化学概观》，中国人民大学出版社，2005，第251页。

术史》中提到："至西周开始，武舞的活动式样和功能发生了新的变化。"①
根据《周礼》的记载，西周的教育乐舞已有明显的分类，《周礼·春官宗伯·大
司乐》中载有："以乐舞教国子，舞云门、大卷、大咸、大磬、大夏、大濩、
大武……乃奏无射，歌夹钟，舞大武，以享先祖。"②其中的《大武》在
1987年已经得到当代新的证实，1987年5—6月间，湖南省文物考古研究所
和慈利县文物管理所联合对这一墓区进行发掘，其中第36号战国楚墓出土
了一批竹简。慈利楚简所涉及的内容有《国语·吴语》、《逸周书·大武》、
《管子》佚文及《宁越子》，其中《逸周书·大武》有两种写本。《大武》
即为明显的武舞，根据现代学者张怀通等人的研究基本确定《大武》成作于
西周初期，盛行于西周中后期及春秋战国阶段，秦以后《大武》失传于世，《大
武》的主要内容是歌颂武王伐纣、建功立业等方面的歌舞。《大武》作为武
舞的古作包括六个篇章，分别是《武》《赉》《桓》《酌》《般》《宿夜》。

　　《大武》作为描述武王伐纣功绩的歌舞集成，其虽然分为六个篇章，但
有一个共同的特点，就是以"武"为核心。在《大武》中，"武"的解释是
"武"有七制：政、攻、侵、伐、陈、战、斗。善政不攻，善攻不侵，善侵
不伐，善伐不陈，善陈不战，善战不斗，善斗不败。这里对于"武"的描述
似乎主要是军事政治的关系，但是，再进一步向前推一下，冷兵时代军事与
政治所依靠的核心力量就是武力，这一点已无需赘述。对于《大武》给予的
"武"的解释，如果还不能够明确"武"的含义，那么《大武》的造将标准
可以将"武"的内涵和要义提升出来。

　　《大武》中把选拔将领的五项要求归结为"五良"："一取仁，二取智，
三取勇，四取材，五取艺"。在这里，仁、智不必解释，而勇、材、艺显然和"武"
的联系是紧密的。高超技能和武艺的出众才可能是勇的基础和前提；材指良
好的体质，有此学习武技才能达到事半功倍的效果，这一点在我们现代运动
员的选材中体现得比较充分；"艺"在西周亦是指向六艺的才能，其中"射""御"
更是军事人才所必不可缺的。这种人才的选拔相比夏商阶段有了明显的提高

　　① 周伟良：《中国武术史》，高等教育出版社，2009，第13页。

　　② 吕友仁，李正辉注释《周礼》，中州古籍出版社，2010，第206页。

和进步，也是文武融合发展的必然，不再是夏商时代单纯以"武"为准的情况，也恰如西周阶段开始强调的文武并重，如"王若曰：乖伯，朕丕显祖玟、珷，膺受大命，乃祖克弼先王。"（《集成》8，4331）；"王若曰：父歆，丕显文武，皇天引厌阙德，配我有周。"（《集成》5，2841）

《大武》作为武舞的歌舞形式，我们也可从其各篇章中明显领略出来，《大武》的初始篇章即为《武》，王玉哲先生认为："从《大武》舞的命名上看《论语》《左传》《荀子》《吕氏春秋》《礼记》等书，凡引这个乐章的都以'武'名之，而古时诗名、篇名的命名惯例，往往采取本诗、本篇的开始两字，或第一部分为名，例如《诗经》中的各诗和《论语》的各篇之名均如此。《大武》舞之取名为武，可以以此惯例类推，'武'必是本乐章开始的部分。"①

对于《武》，《左传》中有这样的解释："夫文，止戈为武……我求懿德，肆于时夏，允王保之，又作《武》。"《礼记·乐记》中载有："《武》乱皆坐，周、召之治也。且夫《武》，始而北出，再成而灭商。三成而南，四成而南国是疆。"②从以上可以明显看出，《武》是与武力军事密切相连的，这样的篇章也显然是"武舞"。除《大武》的开启篇章《武》能明显展示出武舞的特点外，其他篇章也从不同的方面给出《大武》武舞的描述。如《宿夜》，《礼记·祭统》载有："孔颖达《疏》云：'皇氏曰……武王伐纣，至于商郊，停止宿夜，士卒皆欢乐歌舞，以待旦，因名焉。'……熊氏曰：《宿夜》，即《大武》之乐也。"③这里描述的士卒歌舞当为武舞。在《牧誓》中有关于"四伐"的篇章："夫子勖哉！不愆于四伐、五伐、六伐、七伐，乃止，齐焉。"④对于"伐"，郑玄注解说："伐滑击刺也。一击一刺曰一伐。""四伐"当为舞者以戈矛四度击刺。

《礼记·乐记》孔颖达《疏》云："天子夹振，用舞之法，在于经典。今谓天子夹振，此经之正文，又亲舞总干具。如熊氏之说，此则经典之证也。

---

① 张怀通：《逸周书新研》，中华书局，2013，第 292 页。

② 崔高维：《礼记》，辽宁教育出版社，1997，第 32 页。

③ 同①书，第 293 页。

④ 董原主编《尚书·礼记》，陕西出版集团三秦出版社，2012，第 74 页。

云'驹当为四，声之误也'者，以《牧誓》有四伐之文，故读为四也。云'每奏四伐'者，武乐六奏，每一奏之中，舞者以戈矛四度击刺，象伐纣时也。引'《牧誓》曰：今日之事，不过四伐五伐'者，此武王戒誓士众，云'今日战事，前进不得过四伐五伐，乃止齐焉'。"①对于《大武》的六个篇章，杨宽先生把它们称作"六成"，杨宽先生对《大武》这六个篇章进一步释义为六场表演，分别是武王统大军北征、武王克商、武王征伐南国、周朝疆域太平、武王使周公召公分别作战、武王得胜回朝。

《大武》这些篇章所表达的是武王统帅军队征杀作战的宏大场面，所表现的不是一般"文舞"所具有的柔美和情感抒发，而是武王统帅千军万马的勇威和震撼，是把军事作战进行充分刻画的"武舞"。对《大武》的这一武舞特点，杨宽先生指出："六场《大武》舞曲表现了武王克商的经过及其伟大成果。"此外，杨宽先生在谈到《逸周书·世俘解》时给出明确的解释是"宣扬武功的乐章"，对于王入进《万》也是"挥舞盾一类兵器的舞蹈"②。

在西周以前，人类的舞蹈主要是以武舞的形态呈现，进入西周以后，人类文化的发展为这会布施了众多进步的元素和内容，其中最典型的莫过于六艺教育的综合呈现，这些文化和教育的发展毫无疑问地也为中国武术文化的提升带来了新的历史契机。原本舞进历史、武舞的单行推进自西周便开始了"武舞""文舞"两分。对于"文舞"，郑玄曾有注"文舞有持羽吹龠者，所谓龠舞也"③。

从目前的史料来看，西周六艺教育中的"乐"应是和舞融合一起的，如《周礼·大司乐》中讲"掌成均之法，以治建国之学政，而合国之子弟焉……以乐舞教国子，舞云门、大卷、大咸、大磬、大夏、大濩、大武"④。对于"国之子弟"所学习的这些歌舞，前面已经证实属于"武舞"。对于贵族子弟这种以武技为主要教育内容的原因，我在夏商篇章中也有述及。

---

① 阮元校刻《十三经注疏》，中华书局，1980，第1542页。

② 杨宽：《西周史》，上海人民出版社，2003，第103-107页。

③ 吕友仁，李正辉注释《周礼》，中州古籍出版社，2010，第220页。

④ 同上书，第206页。

西周的教育和文化尽管有了更大的进步和发展，但是，作为统治阶层，他们必然还是有着共同的利益需求，那就是他们要把自己的子弟后代培养成他们权力地位的继承者，要世世代代维护好他们的权力地位。对于西周贵族的这种教育目的，杨宽先生提到："因为贵族要把子弟培养成为统治者，而礼乐正是当时贵族巩固内部组织和统治人民的重要手段，同时贵族要把子弟培养成军队的骨干用来保护既得的特权，而射猎正是军事训练，舞蹈也带有军事训练的性质。"① 对于这种"武舞"格斗技能训练糜振玉先生也提到："排演练习战斗舞蹈（"武舞"）也是三代军事训练中的重要项目。参加武舞的人员一般都是手持干盾，模拟基本战斗动作，既用来激励舞者本人和旁观者的战斗精神和尚武精神，又促使参加舞蹈者熟悉作战动作的要领，为实战做必要的准备。"②

西周时代的"武舞"比较典型的是"兵舞"，《周礼·地官司徒·鼓人》中有"凡祭祀百物之神，鼓兵舞，帗舞者"③，《舞师》篇中有"舞师掌教兵舞。帅而舞山川之祭祀"④，对于"兵舞"，现代学者们共识为持兵器而舞。这种手持兵器的舞动毫无疑问当属于武舞。除"兵舞"外，比较具体的兵器舞有"弓矢舞"，如《周礼·大司乐》中有"诏诸侯以弓矢舞"⑤，《乐师》篇中也有"燕射，帅射夫以弓矢舞……有干舞"⑥。"弓矢舞""干舞"等这都是具体的"兵舞"。对于"兵舞"应绝不仅仅限于弓矢、干，凡是兵器皆可拿来而舞。作为兵器，西周时代有典型的"五兵"之说，这五种兵器主要指戈、戟、矛、殳、弓。《周礼·夏官司马》的《司兵》篇中讲"祭祀，授舞者兵"⑦，《司戈盾》篇中也有"授舞者兵，亦如之"⑧。以上"舞者兵"

---

① 杨宽：《西周史》，上海人民出版社，2003，第675页。

② 糜振玉：《中国军事学术史》，解放军出版社，2008，第64页。

③ 吕友仁，李正辉注释《周礼》，中州古籍出版社，2017，第126页。

④ 同上书，第127页。

⑤ 同上书，第207页。

⑥ 同上书，第210页。

⑦ 同上书，第284页。

⑧ 同上。

中的兵都是指的兵器，"舞者"所进行的"舞"也显然是指持兵器进行的"武舞"。在西周教育中还有一种典型的武舞——"象舞"，《礼记·内则》："十有三年，学乐，诵诗，舞勺。成童，舞象，学射御。"①郑玄注："先学勺，后学象，文武之次也。成童，十五以上。"孔颖达《疏》："舞象，谓舞武也。熊氏云：'谓用干戈之小舞也。'"后以指成童之年。唐邢璹《周易略例序》："臣舞象之年，鼓箧鱣序，渔猎坟典，偏习《周易》，研穷耽玩，无舍寸阴。"明张煌言《奇零草序》："余自舞象，辄好为诗歌。"清钱谦益《泽州王氏节孝阡表》："府君父殁时，纔舞象耳。"对于"象舞"，《毛诗正义》注曰："文王时有击刺之法，武王作乐，象而为舞。"对于"象舞"，周伟良先生指出："毋庸解释，所谓'象舞'即是种模仿'击刺之法'的人体活动形式。"②作为西周时代比较典型的具体"武舞"，"象舞"在《诗经》《礼记》中均有记载，《诗经·维清》注曰："'象舞'，象用兵时刺法之舞，武王制焉。"③《毛诗正义》注曰："文王时有击刺之法，武王作乐，象而为舞，号其乐为象舞。"《礼记·内则》曰："十有三年，学乐，诵诗，舞勺。成童，舞象，学射御。"④"象舞"当属于典型的"武舞"无疑。《礼记》中的描述说明它是贵族子弟必须接受的教育内容，从年龄规制上看"十三舞勺，成童舞象"，成童的年龄在当时来说是十五岁左右，相比舞勺，舞象的难度显然要更上一层。《中国武术史》（国家体委武术研究院编纂）提出"象舞"完全是用武术的击刺动作组成的武舞。周伟良先生也把"象舞"解释为"模仿击刺之法的人体活动形式"⑤。从以上资料来看，"象舞"是一种具体的武舞，它不同于"干舞""干戚舞""弓矢舞"等之类任何的一种"兵舞"形式。但是"象舞"却是西周贵族子弟必须学习的一种"武舞"形式，而且是在十五岁以后，也就是《礼记》中所讲的"十三舞勺，成童舞象学射御"。作为"象舞"的学习安排在"舞勺"之后，和舞勺相比显见它的难度与复杂。"射""御"是六艺教育中与军事

① 崔高维：《礼记》，辽宁教育出版社，1997，第35页。
② 周伟良：《中国武术史》，高等教育出版社，2009，第13页。
③ 袁愈荌译诗，唐莫尧注释《诗经全译》，贵州人民出版社，1992，第447页。
④ 同①书，第36页。
⑤ 同②书，第13页。

联系最为密切的两项。在冷兵时代,特别是赵武灵王胡服骑射之前,"射""御"这两项技能是战阵拼杀、决定胜负极为重要的因素。"象舞"在西周贵族子弟的教育中能和"射""御"同等并列,足以说明这一武舞的重要性。

《诗经》中提到"象舞"是"武王制焉",我们现在无从考证。但无论是《诗经》的记载,还是《毛诗正义》的注解也都说明"象舞"的历史影响。那么具体到"象舞"中的"象"该作何解释,或说"象舞"是一种怎样形态的具体武舞? 如果仅把它看作是模仿性的击刺形式,也就是"象舞"中的象理解为"好像"是解释不通的,因为有着以上述及的"干舞""干戚舞""弓矢舞"等各类具体"兵舞"。那这些具体"兵舞"当都为"象舞",但是《礼记》中已明确"成童,舞象,学射御",这显然"舞象"和"学射御"是两回事,也就是"象舞"不同于"弓矢舞",既然不同于具体的"弓矢舞"形式,也就难以包含其他具体的"兵舞"形式。

作为史学和文化的研究,我们必须尊崇本真的科学态度去尽可能恢复历史的原貌,让我们远古文化的风采和魅力得以传承和永存。在这里,作为"象舞",我从个人的角度做如下研究性推测:王宇信先生在其所著《西周》《商末与东夷的长期战争》篇章中提到,《吕氏春秋》等相关古籍均有记载商人与东夷的战争中曾经使用过象队,象队在战场上所向无敌,具有巨大的威慑力。把大象武装起来用到战争中在历史上并不鲜见,而且其威力在冷兵时代的交战中是不言而明的。但是,最早大象驯化为人类所用是否在西周之前已经出现呢? 根据现代的考古研究发现,商朝时所处地域要比现代暖湿得多,适合大象等亚热带或热带生物的生存。1978 年在安阳殷墟的祭祀坑里考古人员挖掘出了一只脖子上系有铜铃的小驯象。这种带有象的殉坑在新中国成立前也曾出现过。《吕氏春秋·古乐》记载周公在征伐东夷的过程中深入东夷游牧狩猎的地区,不仅征服了东夷,而且驱逐了许多野兽。《孟子·滕文公下》中有这样的描述:"灭国者五十,驱虎、豹、犀、象而运之,天下大悦。"[1]对于商朝时代商人能够驯化大象并使用的情况,《吕氏春秋·仲夏纪》《古乐》篇中有这样的记载:"成王立,殷民反,王命周公践伐之。商人服象,为虐

---

[1] 刘俊田等译著《四书全译》,贵州人民出版社,1991,第 474 页。

于东夷，周公遂以师逐之，至于江南。乃为《三象》，以嘉其德。"①从以上描述可见商朝时代商人能够驯化大象为其所用，周公东征所能做的是"驱虎、豹、犀、象而运之"，但未能像商人那样将大象驯化而"服象"。对于周公东征征伐东夷，杨宽先生也提出在征伐过程中迫使许多野兽群进行了迁移，尤其是大象群的迁移，并明确提出商人是"服象"的，因为周公的东征使得合群生活的大象受到冲击而导致整个象群的迁移。

综合以上，我个人的研究意见是，西周时期"象舞"中的"象"不是"好像"而指的是"大象"，由于大象在冷兵搏杀中的威力，周人未能像商人那样驯化利用大象，于是模仿大象创造出以"象"冠名的搏杀动作，希望能有理想的"武舞"搏杀效果。这种"武舞"显然超过了一般的"兵舞"，是"干舞""干戚舞"，甚至"弓矢舞"等不可与之相比的。所以，在西周贵族子弟教育中，安排在"舞勺"之后的"成童"期间，与"射""御"等重要军事武术技能同等并列。

第三节　文化教育中的武术

公刘是周族建立国家的第一个国君，公刘把国都称为"京师"。在国都中建有族群集体活动的厅堂称为"依"，"依"就是后来西周教育中"明堂"或"辟雍"的起源。这种厅堂式的大屋是周族贵族集体进行行礼、集合、奏乐等活动的场所，同时也是练习武技的地方。《世俘解》中讲："时四月既旁生魄，越六日，庚戌，武王朝至燎于周。武王降自车，乃俾史佚繇书于天室，今从政。"②这段描述中的"天室"也就是早期的"依"。

《吕氏春秋·古乐》中讲"以锐兵克之于牧野，归乃荐俘馘于京太室"③，这里讲的"京太室"也就是早期的"依"。到文王时有了"明堂"这种称谓。如《礼记·乐记》中记载"似乎明堂而民知孝"，郑玄对此注曰"文王之庙

---

① 吕不韦：《吕氏春秋》，北方文艺出版社，2016，第58页。
② 罗家湘著《逸周书研究》，上海古籍出版社，2006，第120页。
③ 同①。

为明堂制"。《淮南子·齐俗训》中也讲"克殷残商，祝文王于明堂"①。对于"明堂"的称谓，《史记·封禅书》中有"天子曰辟雍，诸侯曰泮宫"②。这说明"明堂""辟雍""泮宫"就是同一种地点，只是称谓不同而已。阮元讲："古人无多宫室，故祭天、祭祖、军礼、学礼、布月令、行政、朝诸侯、望景象，皆在乎是，故明堂、太庙、太学、灵台、灵沼，皆同一地，就事殊名。"③（《问字堂集·赠言》）对于阮元的这种论述，杨宽先生明确提出赞同，并指出"到文王、武王时虽然早已有宗庙的设置，辟雍也还是举行祭祀、集体行礼、宣布政令以及宴会、练武、奏乐的地方。"④对于"辟雍"，《大雅·灵台》中有"水旋丘如璧曰辟雍"⑤。辟雍的"辟"指的是其形状如圆璧，"雍"指环于水中的高地以及建筑。对于明堂的这一情况，《大戴礼记·盛德》中有"以茅盖屋，上圆下方。明堂者……外水曰辟雍"⑥，《淮南子·主术训》中讲"明堂之制，有盖而无四方"⑦，《吕氏春秋·召类》中也说"明堂茅茨蒿柱，土阶三等"⑧。《韩诗说》也有类似对于辟雍的描述。辟雍周围的环形水池称为"池"或"辟池"。《静簋》中有这样的记载："王令静司射学宫……射于大池。"这里的"池"指的就是辟雍外的环形水池。

西周贵族子弟教育已经形成较为完备的体制，并且这种体制已开始文武并重。《大戴·礼记·保傅》中描述了西周贵族子弟的教育安排："及太子少长，知妃色，则入于小学，小者，所学之宫也……古者年八岁而出就外舍，学小艺焉，履小节焉。束发而就大学。学大艺焉，履大节焉。"⑨《礼记·内则》也有与之类似的说明，并且更加详细："六年，教之数与方名……九年，

---

① 刘安著，许匡一译注《淮南子全译》，贵州人民出版社，1993，第646页。

② 司马迁：《史记》，中华书局，2006，第164页。

③ 阮元校刻《十三经注疏》，中华书局，1980，第1312页。

④ 杨宽：《西周史》，上海人民出版社，2003，第117页。

⑤ 袁愈荌译诗，唐莫尧注释《诗经全译》，贵州人民出版社，1992，第372页。

⑥ 〔清〕王聘珍撰《大戴礼记解诂》，中华书局，1983，第87页。

⑦ 同①书，第452页。

⑧ 吕不韦：《吕氏春秋》，北方文艺出版社，2016，第161页。

⑨ 胡平生，张萌译注《礼记》，中华书局，2019，第756页。

教之数日。十年，出就外傅，居宿于外，学书记……朝夕学幼仪，清肄简谅。十有三年，学乐，诵诗，舞勺。成童，舞象，学射御。"①《大戴·礼记》这里的"学大艺"指的就是"舞象，学射御"，其中讲"束发"也就是《礼记》中所提"成童"，西周时成童指十五岁以后的阶段要束发。前面在谈到"象舞"时，我提到"象舞"当属于和射御并列的"武舞"，从《大戴·礼记》把它和射御并称为"大艺"的情况来看更进一步得到证实。

西周阶段对于束发而为的成童所接受的大学教育，也就是辟雍，《礼记·王制》中讲："天子命之教，然后为学。小学在公宫南之左，大学在郊。天子曰辟雍，诸侯曰頖宫。"② 对于辟雍学射的情况《静簋》有："唯六月初吉，王在葊京。丁卯，王令静司射学宫，小子及服及小臣及夷仆学射。越八月初吉庚寅，王以吴、吕刚合䎱 师邦君射于大池。静教无尤。王赐静鞞。静敢拜稽首，对扬天子丕显休，用作文母外姞尊簋，子子孙孙其万年用。"

上面《静簋》所提到的学宫和辟雍是同一场所，也就是《礼记·王制》中所讲的"大学"。对于辟雍，《麦尊》中也有这样的描述："王令辟邢出□，侯于邢。雩若二月，侯见于宗周，亡（尤）。□王□京，□祀，雩若翌日，在辟雍，王乘于舟为大丰，王射大龏禽，侯乘于赤旗舟从。死咸。之日，王以侯内于寝。侯锡玄周戈。雩王在□，已夕，侯锡者□臣二百家，剂用王乘车马、金勒、冂衣、巿舃。唯归，（扬）天子休，告亡尤，用龏义宁侯显考，于邢侯。作册麦锡金于辟侯，麦扬，用作宝尊彝，用□侯逆（覆），□明令，唯天子休于麦辟侯之年（铸），孙孙子子，其永无终终，用□德，妥多友，亶旋走令。"（注：文中"□"为难以辨别之字。）西周的大学不仅是贵族成员们集体进行集会奏乐的场所，更是贵族子弟接受教育、习射练武的地方。

《白虎通·辟雍》中讲："大学者，辟雍，乡射之宫。"这显然说明大学也就是叫辟雍的地方，也是进行习射的地方。《韩诗说》中也有"辟雍者，天子之学……所以教天下春射秋飨"。《礼记·王制》把"习射"看做"上功"。西周把大学看作是举行射礼、习射的重要场所，这不仅仅对于一般贵族而言，

---

① 胡平生，张萌译注《礼记》，中华书局，2019，第556页。

② 同上书，第253页。

对于西周的王候亦是如此。《礼记·射仪》中有"天子将祭，必先习射于泽，……而后射于射宫"①。《礼记·燕义》中郑注曰："学，大学也；射，射宫也。"②这些描述里所提到的"射宫"就是指辟雍中的厅堂。虽然厅堂里也常常举行类似奏乐、行礼、集会等活动，但相比练习"射术"等武术技能都次要得多，因此，被称为"射宫"，又称为"序"或"榭"。在《周礼·夏官司马》《诸子》篇中有这样一段记述："凡国之政事，国子在游倅，使之修德学道。春合诸学，秋合诸射，以考其艺而进退之。"③这说明考核贵族子弟们的射术来决定能否加以提升是西周政权的国家大事。

对于"射"和"序"的关系，《孟子》中载有："设为庠、序、学校以教之。庠者，养也；校者，教也；序者，射也。""序"的原义是习射的场所，"校"的原义是练武、习射、狩猎的地方，所以，辟雍的功能比较多样化。杨宽先生谈到，辟雍周围除了建有水沟外还建有广大园林的原因就是"使于渔猎，以训练武艺"。

文化的迸发与激进促成了教育丰为。西周虽然不是中国古代教育的开辟时代，却是初次较为系统全面地把教育推进了历史。教育向来是以教人育才为根本，在这个前提下起到了对文化传承潜移默化的作用。西周文化教育的形态设置与内容安排无不是以政权为导向发生并进行的。反过来，其文化教育的核心价值也必为政治效力，杨宽先生对西周大学的教学目的提到："西周大学的教学以军事训练为主是很显然的，其目的在于培养贵族军队的骨干，因为军队是国家最重要的统治工具，当时贵族设立大学，就是为了加强其统治力量。"④

萨孟武在谈到西周政权时也指出："……而在必要之时尚需利用武力，以保护自己的特权，他们学射御，他们作田猎，无非锻炼身体，而养成冒险勇敢的精神。"⑤

在西周的教育中有典型的"六艺"之说，这"六艺"中似乎只有"射"

---

① 胡平生，张萌译注《礼记》，中华书局，2019，第1209页。

② 同上书，第878页。

③ 杨宽：《西周史》，上海人民出版社，2003，第678页。

④ 杨宽：《西周史》，上海人民出版社，2003，第683页。

⑤ 萨孟武：《中国社会政治史》，三民书局印行，中华民国七十七年一月，第33页。

是属于武术文化的范畴，"御"也仅能沾边。那怎样看待历史上一个文武并重的初始时代体现在教育内容上却难以看出"武"重的情况呢？"六艺"教育也就是我们通识的"礼、乐、射、御、书、数"，六项内容中，仅有一项射的内容。在西周时期，中国武术还处在一个器械相对简单并以长器械为主的军事主导时代。兵器主要以"戈""矛""弓""殳""戟"为主。西周时代是一个文武并重的时代，所以教育内容上也仅能以武技中最为典型、最为重要的安排其中。《礼经通论》中邵懿辰就曾讲道："男子有事四方，桑弧蓬矢初生而有志焉……五兵莫长于弓矢也，故射御列于六艺。而言聘射之义者，以为勇敢强有力，天下无事则用之于礼仪，天下有事则用之于战胜……有文事必有武备也。"[1] 仅以"射"为主连带"御"列为"六艺"内容，并非对武术其他技能不重视，如《周礼·司右》中有"司右掌群右之政令。凡军旅、会同，会其车之卒伍，而比其乘，属其右。凡国内之勇力之士能用五兵者，属焉，掌其政令"[2]。对于弓箭的源起及其重要性，前面篇章中早已述及，此处无需再述。"五兵"相比于弓箭自如邵懿辰所提"莫长于弓矢"。因此，才可能将"射、御"列为六艺。对于弓矢之外其他"五兵"的重要性，《礼记·月令》有："天子乃教于田猎，以习五戎。"[3] 这里所说的"五戎"也就是"五兵"——戈、矛、戟、殳、弓。有天子在田猎中亲自教授，可见除弓矢外，其他兵器一样非常重要。

至于上面所提到的田猎，在夏商周阶段，狩猎也是进行武技训练的形式之一，如《穀梁传·昭公八年》中讲："因蒐狩以习用武事，礼之大者也。"[4] 这里所提到的"蒐狩"指的是商周时代的大蒐礼。《五礼通考》卷二百四十篇中讲："讲武之义即寓于游田之内，故校阅即田猎，田猎即校阅，二者不可分也。然观《月令》讲武饬事之文，则其事亦有不为田猎者……盖列国多游，临战而习武，以是为权礼也。"[5] 对于这种田猎形式的武技练习，黄以周在《礼

① 〔清〕邵懿辰：《礼经通论》，学识斋，1868，第25页。

② 吕友仁、李正辉：《周礼》，中州古籍出版社，2010，第277页。

③ 胡平生、张萌译注《礼记》，中华书局，2019，第341页。

④ 承载撰《春秋穀梁传译注》，上海古籍出版社，2004，第621页。

⑤ 〔清〕秦惠田撰，徐耀环新编《五礼通考》，圣环图书出版社，1994，第387页。

书通故》《田礼通故》篇中也认为："后世尚武，简阅既繁，不能不与田猎之外另行之……古未有不田猎而徒讲武者矣。"①

西周时代仅将射术列于六艺，并非对射术之外其他武术技能不重视，只是如上所提，弓矢因相比其他五兵等技能的特殊性而被统治者首选采纳。相比其他五兵，它明显的特殊性在于：一是如邵所提远射的威力性；二是技能的复杂性。一般五兵等如未经练习，一般人也可用来搏杀，只不过在搏杀的技巧和能力上与经过学习训练的人有所区别。而弓箭如不练习在远射方面可能会直接失去效果。所以从上层统治者来讲，他们对于射术倍加推崇。像《礼记·射仪》中讲"天子将祭，必先习射于泽"②（"泽"指的是环绕辟雍的水池）。

作为最高统治者要举行祭祀仪式也要先在辟雍进行射术练习。再如《令鼎》上记载："王大耤农于諆（读为"基"）田。飨，王射，有司眔师氏，小子佫射。王归自諆田，王驭，濂（从"水"）仲仆，令眔奋先马走。王曰：'令眔奋，乃克至，余其舍汝臣十家。'王至于濂宫，歔令拜稽首，曰：'小子廼学。'令对扬王休。"《师汤父鼎》也记有："王在周新宫，在射卢。王乎宰雁锡卢弓、象弭矢翟、彤㸸（翟为箭，㸸为栝）。"《麦尊》载："在辟雍，王乘于舟为大丰，王射大（鸿）禽。"《静簋》记："佳六月初吉，王在京（即丰京）。丁卯，王命静司射学宫，小子众服，众小臣，众㢸仆学射。八月初吉庚寅，王吴、吕……射于大池。"通过这些描述可见最高掌权统治者对射术的重视。

历史是不断前行的，文化是不断创造的。相比夏商时代，西周把中国文化的发展推向了新的高度。这种典型的表征之一就是"六艺"教育。虽然"六艺"教育仅是西周社会发展中诸多文化现象的一个方面，但相比夏商阶段，它的突起和发展却能管窥西周社会生活的缩影。"六艺"教育中首先是"礼""乐"的教育。中华民族的祖先一路从自然中征杀而来，用智慧的创造把文化的力量显现出来，并征服了自然，从生灵的万物中脱颖而出成为自然的主人。由此，中华民族开始把人类文明较早的牵系进历史。

---

① 〔清〕黄以周撰，王文锦注解《礼书通故》，中华书局，2007，第1110页。

② 同①书，第1209页。

在经过数千年的缓化之后，中华民族正式开启了夏朝时代的文明征程和文化享益。但是人类身上原始的躁动和文化柔弱及未能抑杀的野蛮依然较为清晰。在夏商一千多年的文明发展中，文化进展的正规把人类携带的这种气息进行有利的抑杀。这种情况下，"礼"和"乐"开始跃然进入中华民族的历史文化中。对"礼""乐"文化在西周的影响和发展，程宜山在"殷周之际的文化变迁"中谈到："殷周之际的文化变迁对中国传统文化基本格局的形成有重要意义。周初奠定的宗法制度以及配套的礼乐制度……影响深远。"①作为教育规制，"礼""乐"在西周有了开启时代。其实，不仅仅是"礼""乐"。任何文化的享益必须有适宜的社会环境，而这种适宜的社会环境一般来讲是政权的稳固、社会生活的安定，否则"礼""乐"文化的发展可能会在动荡和慌乱中散尽。类似"礼""乐"等文化生存发展的保障，其源头还是武力军事的存在，这才是政权得以保障的根本、社会稳定发展的必需条件。统治阶级的这种保障性力量在夏商时期的社会发展中体现得非常明显。

进入西周阶段以后，"礼""乐"得以凸显。武力军事支撑的力量来源、武术文化的能量被散布开来。"射"进入"六艺"唯一取舍的真正原因是如前面所提"莫长于弓矢"。我们从六艺教育的散布中依然可以清晰"射"之外"五兵"的传授与学习。《周礼·大司乐》中有"大司乐掌成均之法，以治建国之学政，而合国之子弟焉……以乐舞教国子……大夏……大武"②。

以上"成均"指的是西周时代的大学。大司乐身担教育国子的重任，向他们传授乐舞。其中，《大夏》《大武》是典型的"武舞"，这是一种变相的武术传授形式，在国子的教育当中武术被以《大夏》《大武》等形式安排进学习中，说明统治者对武术的重视和用心。另在《周礼·乐师》篇中有"乐师掌国学之政，以教国子小舞。凡舞……有干舞……"③。这里讲乐师的职责是教国子学习小舞，小舞其中就有"干舞"。像大司乐向国子传授的《大夏》《大武》，乐师向国子传授的"干舞"都是把不同的武术技能安排进形式不

① 张岱年，程宜山：《中国文化论争》，中国人民大学出版社，2009，第142页。
② 吕友仁，李正辉：《周礼》，中州古籍出版社，2010，第296页。
③ 同上书，第210页。

一的教育中。这足见在"六艺"仅"射"之外，武术文化传习在西周教育中存在被布播的情况。在《周礼·地官司徒》《舞师》中更有"舞师掌教兵舞，帅而舞山川之祭祀"①。"兵舞"前面提到是指如"五兵"等形式的"武舞"，这更是显然的武术传授形式。对于西周的教育制度和教育目标，童书业先生在其所著《春秋史》中提到："周代的教育制度……那时教育的课程大致分为文、武两项：文的教育科目是书（文字）……武的教育科目有射、御、技击等项。他们也像现在的体育家一般，整天裸着臂膀练习射箭、御车和干戈等的使用。武的教育是他们所最注重的。学校的'校'字似乎就从比较武艺的意义出来……那时贵族阶级的教育虽说文武合一，但就实际情形推测，似乎比较偏重于武事。用西方的名词说来，那时的教育是一种'武士'教育。这是封建时代的普遍情形。那时武士的生活，一方面以技艺为尚，一方面又沉浸于礼仪和音乐的空气中。"②

中华民族的祖先依靠自己的智慧从自然界万物生灵中脱颖而出，成为征服自然且利用自然之主。这种驾驭自然的能量是来自人类文化的发展。文化是人类独有的能力和现象，是在与自然相抗衡的过程中不断孕育发展起来的。人类文化的能量越强大，驾驭利用自然的享益也就越明显。在刚刚踏入人类文明早期的阶段里，人类也仅仅是相比万物生灵有了更强的独步于自然的能力。但是人类文化的发展还处在幼初时期，文化的力量却是极为柔弱的。尽管文化的力量能不断助催人类在文明形态中的行进，而这种人类文明早期的文化不柔弱带来了文化发展的劣斜。其中，祭祀文化就是典型的形态。当人类早期对自然、社会的一些现象难以透晰出合理的原因时，便把其力量的来源归结为人类之外的无形生态——鬼神，这一现象自人类初始便相伴同存，直到春秋以后有了"无神论"的产生，这种庸俗的精神误读才受到冲击。

在西周时期，恰恰是人类文明社会早期阶段中"国之大事，惟祀与戎"的时候。当然，在人类进入政权集结的社会形态后，军事始终是政权所不可脱离的保障和必备的支撑力量。《国语·周语上》中虢文公向周宣王进谏：

---

① 吕友仁，李正辉：《周礼》，中州古籍出版社，2010，第127页。

② 童书业：《春秋史》，商务印书馆，2010，第104-105页。

"三时务农而一时讲武，故征则有威，守则有财。"[1]周宣王未能采取虢文公的建议做到"三时务农而一时讲武"，最后导致周宣王三十九年"败于姜氏之戎"。西周时代，普通百姓也必须重视武技的训练，《豳风·七月》中有"二之日其同，载缵武功。言私其豵，献豜于公"[2]。这是说明出去打猎，打的狐狸和貉为天子做裘服，二月集合起来继续狩猎为的是操练武功，猎获的野兽，小的自己留下，大的先给贵族王公。这就是以狩猎形式进行的武技训练。"祀"是秦汉以前，特别是无神论还未能破解一些起码的迷信的时候，是政权借以仰仗的一种精神力量，这种情况在西周时期显现得较为突出。在西周，只要是进行大型的军事、政治、社会活动都要有隆重的祭祀仪式，在这种迷信的并经常伴有政治色彩的活动中经常可见武术文化的影子。

《周礼·地官司徒》《鼓人》中有"凡祭祀百物之神，鼓兵舞，帗舞者"[3]，这是讲要祭祀各类（百物）神灵要击鼓为跳"兵舞""帗舞"伴奏，"兵舞"无需多说，前面已讲指的是"五兵"之类的"武舞"。《周礼·地官司徒》《舞师》篇中另有"舞师掌教兵舞，帅而舞山川之祭祀"[4]，说舞师教"兵舞"的目的是祭祀山川。《周礼·春官宗伯》《大司乐》也有："乃奏蕤宾，歌函钟，舞大夏，以祭山川……乃奏无射，歌夹钟，舞大武，以享祖先。"[5]《大夏》《大武》也都是"武舞"。《周礼·夏官司马》《射人》中讲："祭候，则为位，与大史数射中，佐司马治射正。祭祀，则赞射牲。相孤、卿、大夫之法仪。"[6]这些是有关于射术在祭祀活动中的存在。《射鸟氏》篇说："射鸟氏掌射鸟。祭祀，以弓矢驱乌鸢。"[7]讲的是射鸟氏的职责是掌管射鸟，祭祀时用弓箭驱赶乌鸦和老鹰。《旅·贲氏》中有："凡祭祀、会同、宾客，则服而趋，

① 陈桐生译注《国语》，中华书局，2020，第22页。

② 袁愈荌译诗，唐莫尧注释《诗经全译》，贵州人民出版社，1992，第187页。

③ 吕友仁，李正辉注释《周礼》，中州古籍出版社，2017，第126页。

④ 吕友仁，李正辉注释《周礼》，中州古籍出版社，2017，第127页。

⑤ 同上书，第206页。

⑥ 同上书，第270页。

⑦ 同上书，第272页。

丧纪则衰葛执戈盾。"① 大意是凡祭祀、会同、宾客，则身穿斋服在天子乘车的两旁奔走护卫，天子或王后去世后穿着丧服要手执戈盾护卫。《方相氏》篇另载："及墓，入圹，以戈击四隅，驱方良。"② 指的是到墓地跳进墓穴，用戈击刺四个角落驱赶邪神。《司兵》篇中讲："祭祀，授舞者兵。"③ 说明司兵的职责是在进行祭祀活动的时候向舞者发放跳"武舞"用的兵器（五兵、五盾）。《司戈盾》亦载："司戈盾掌戈盾之物而颁之，祭祀，授旅贲殳，故士戈盾；授舞者兵，亦如之。"④ 讲的是司戈盾的职责是掌管戈盾之类的兵器并发放，祭祀的时候发放旅贲氏殳，王族故士戈盾。《司弓矢》另有："凡祭祀，共射牲之弓矢。"⑤ 指司弓矢每逢祭祀要提供射杀用的弓矢。

　　人类文明的发展是借助文化的力量踏上历史的轨道。文化是人类在与自然相抗争中不断创造出的独有的能力。文明发展到一定阶段，人类的文化开始走向集结，进而展示出更强大的社会性能量。人类文化集结的原因在于政治的出现、政权的需求，当人类社会的发展一旦搭建起政治舞台，文化发展便失去了自主的力量而被政权绑定进历史始终上演在政治的舞台。自从人类的政权出现以后，没有哪个时代的文化是可以与政权的需求相悖的，否则，这类文化的生命将被判以死刑。"祀文化"本是人类文明早期文化发展的稚拙原因造成的庸俗现象，这一现象在人类社会有了巨大的影响时便成为政治借用的一种力量，否则不会成为"国之大事，惟祀与戎"。钱宗范先生在谈到"祀文化"与国家政权的关系时曾指出："就祭祀而言，其本身毫无疑问的就是宗法手段，因此，祀作为国家大政，其特点就在于国家政权通过宗法手段来实现自己的职能。"⑥ 所以，当这种"祀文化"发展到西周时期明显成为西周政权为其服务的辅助性力量。这恰如《国语·鲁语上》讲："夫祀，

① 吕友仁，李正辉注释《周礼》，中州古籍出版社，2017，第278页。

② 同上书，第279页。

③ 同上书，第284页。

④ 同上书，第281页。

⑤ 同上。

⑥ 钱宗范：《周代宗法制度研究》，广西师范大学出版社，1989，第209页。

国之大节；而节，政之所成也。"[1] 所以，西周时期很多重大的场合都要进行祭祀活动，以进行这种"祀文化"能量的利用。

"国之大事，惟祀与戎"，"祀"即是"国之大事"，当然需要与"戎"相结合，"戎"与"祀"同为国效力。利用祭祀的活动形式，统治者以无形力量的方式操控人心，在祭祀的同时还要配合有形的"五戎"力量进行示威恫弱。所以，西周祭祀活动一般都随有"兵舞"、"射礼"、舞"大武"等内容。西周统治者就是这样从思想意识形态和现实的利害关系两方面去不断地维护其政治地位和经济利益。因为西周"自由民用于论褒贬国君、执政者和贵族的权利，对于这种谤议统治者必须虚心听取，不能掉以轻心，更不能压制，否则就会引起国人的反抗。"[2]

第四节　器械与格斗

自然界中的生物都有天然的防护抵御本能，这种本能或用牙或用四肢等等。人类之所以能最终进入自然的选择成为主人，首先无可辩驳的是人类的智慧超越了任何其他生灵。同样，在自身对于外来侵害的防护和抵御上人类想当然更胜一筹。在人类的最初阶段，这种优势首先体现在人类上肢的灵活运用，在这种上肢灵活运用的前提下再加上外在器械的附加，人类的抵御能力大大增强。对器械的使用不仅使人类抵御能力增强，而且在需要时更能产生很强的对外攻击能力，也就是原始格斗的形式。

人类的格斗初始于徒手，是本能性的肢体运使。当有了器械的延伸后，人类的格斗能力有了明显提高。人类操控器械的本能性挥舞也就是武术器械技能的原始形态。这种原始形态几乎是未经过人类的智慧加工创造，主要出自本能性操控。所以也就很难存在什么技术含量，不过明显的一点是有了器械的延伸后比徒手相搏的能力明显增强。以此，在武术技能发展的原始阶段里人类格斗技能着重发展的是手持器械形式，主要依靠器械所带来的优势。

---

① 陈桐生译注《国语》，中华书局，2020，第173页。

② 张岱年，程宜山：《中国文化论争》，中国人民大学出版社，2009，第143页。

这也就造就了中国武术（其他民族武术亦应如此）在自源起至春秋前数千年的发展中基本是以长器械（武器、兵器）进行技能体现的。如春秋之前比较典型的"五兵"的戈、戟、殳、矛、戟等。这种长久一直依靠、推进器械的武术技能发展形成到西周时期的徒手技能近乎缺失。

武术文化同其他人类文化一样，在人类文明早期滞缓的时代中文化前行的动力是有限的。尽管人类自身的不断冲突和斗杀一直在促进着武术文化的发展，也尽管夏商时代有了政权导向的嗜需，武术文化始终未能得以舒展加速。到西周时期，武术技能依然主要依靠器械本身的优势，这种优势主要体现在器械的尺寸上。因此带来了如上所提中短器械的少有发展。如虽然商代就有了短剑的出现，但短剑本身的尺寸不利加上技术缺失造成的格斗劣势造成了类似的短器械发展受阻。相比之下，徒手的格斗劣势更不用提。在武术文化发展早期形成的格斗技术含量极低的阶段里，类似戈、矛几种长器械还能略有进步，而徒手近乎止步未前。当然，也有类似《史记·殷本纪》中纣王"材力过人，手格猛兽"的记载，但纣王即使能够手格猛兽，靠的也是他的"材力"，而非格斗技术。在那样的时代，类似纣王之所以能够做到与猛兽相搏，所靠的都是格斗者的威猛与勇力，而非格斗技巧。

到了西周时期，经历了夏商千年之久的长器械积累，在使用方式上，人类不仅仅只依靠简单的击刺形式，也掌握了一部分长器械使用的方法和技巧。在这种长器械技术孕育提高中，人们也练就了部分应对长器械的格斗技巧，就在这种器械格斗技术提高发展的前提下，逐步出现了徒手相格的情况。这是长器械发展催生了相应的应对能力提高。在应对长器械能力提高的过程中，这些技术运用逐步影响带动了短器械和徒手的进步，如上所提，商代虽有短剑的出现，但类似短器械未能用于军事，而西周则略有改变，在西周短剑开始被用作兵器。《克殷解》记载牧野大战中，商朝败亡，武王进入商王宫殿"击之于轻吕，斩之于黄钺"，"轻吕"就是武王使用的随身短剑。《尚书大传》卷三中有："习斗也者，男子之事也……故于蒐狩以闲之也。"[1]这说明练习格斗本领是男子的事，这种情况常在大蒐礼时进行。"习斗也者"

---

[1] 王宇信：《西周》，中国青年出版社，1994，第180页。

指练习格斗的人，格斗形式不仅局限于手持器械格斗，还应有徒手的情况。对西周时代徒手的格斗，周伟良先生在其所著《中国武术史》中也有提及："周代的史料亦反映有人与人相搏的记载。需要指出的是这种手搏之技显然不同于大规模的军事征战，而是体现为一种两两相当的个体性搏斗形式。"①从前面《尚书大传》的描述"习斗也者，男子之事也"说明西周时期习武的一个情况，那就是只有男子习武而不属于"女子之事"。这一情况不同于商代。前面商代篇章中我已做说明。商朝时候有大量女性练习武术，并因此涌现了类似妇好等一批女性"武者"。我们从目前西周相关的史料也未曾发现有女性习武的记载，这显然不同于商代。

西周的相关史料多次出现"五兵""五戎"的记载，这五种兵器或器械也是沿袭了商代的发展，除了这五种常用的兵器外，西周历史上还出现了几种少有的兵器。在《尚书·顾命》中描述兵士手执武器的依仗："二人雀弁，执惠，立于毕门之内；四人綦弁，执戈上刃，夹两阶戺；一人冕，执刘，立于东堂；一人冕，执钺，立于西堂；一人冕，执戣，立于东垂；一人冕，执瞿，立于西垂；一人冕，执锐，立于侧阶。"②其中的武器"刘""瞿""锐"是少见的武器，根据现有的资料有的学者倾向于斧钺、戈、矛之类，但是里面钺、戈、矛均有提到，为何把这几种武器又称作"刘""瞿""锐"呢？其中，拿"瞿"来说，周纬先生在《中国兵器史稿》中提到："近年殷墟出土铜兵中已发现'瞿'类不少。其形略如商代无胡之勾兵，唯不以内安柲，而用椭圆銎管安柲耳。"周纬先生同时引用了《尚书》孔疏引郑玄注解"盖今三锋矛"，显然，这些都是推测，即使在郑玄的时代亦是推测。所以，这几种武器尚有待考证。

现代的考古在陕西北部出土不少类似少数民族风格的蛇首刀、羊首刀、铃首刀等，类似的武器商代也已存在，但未有西周的精美和量化使用。《诗经·大雅·皇矣》提到了商朝时代未曾出现的兵器"勾""援"，"帝谓文王：詢尔仇方，同尔弟兄。以尔钩援，与尔临冲，以伐崇墉。"③杨宽先生

---

① 周伟良：《中国武术史》，高等教育出版社，2009，第12页。

② 顾迁：《尚书》，中州古籍出版社，2010，第263页。

③ 袁愈荌译诗，唐莫尧注释《诗经全译》，贵州人民出版社，1992，第368页。

提到这里的"勾""援"是西周时期攻城用的武器。"勾"我们不能明确其具体形态，但从名称上可以推知应是"勾"形兵器。根据周纬先生的研究，"勾"是介于戈、戟之间的勾形兵器，是从戟的外形衍生而出的，"勾"的形状像它的称呼，"援胡以内，皆如戟制"，"勾"上方不像戟那样能直刺，而是将直刺弯折形成勾，类似鹰嘴而成"勾"。对"勾"的早期描述，《楚世家》中有："楚国折勾之喙，足以为九鼎。"①《正义》上也讲："喙勾，口之尖也。"类似勾形兵器在中国兵器史上并不鲜见，如比较典型的一直沿用到今天的"双钩"，早有具有独特功能的"钩镰枪"，等等。

西周的"勾"即是用作攻城工具，应与攀爬有关。"援"具有"兵器上的横刃"之解，以此称呼，那"援"可能是一种前面安置横刃的兵器。《诗经·豳风·破斧》有如下诗篇，描述了周公东征后的情况："既破我斧，又缺我斨。周公东征，四国是皇。哀我人斯，亦孔之将。既破我斧，又缺我锜。周公东征，四国是吪。哀我人斯，亦孔之嘉。既破我斧，又缺我銶。周公东征，四国是遒。哀我人斯，亦孔之休。"②这段描述中提到了东征将士使用的几样兵器，除"斧"外还有"斨""锜""銶"三种不同寻常的兵器。"斨"是斧的一种，是方銎的斧头。对于"锜"，《说文》中解释为"鉏御也"，是一种齿状的兵器。对于"銶"，《经典释文》《韩诗》篇说"齿属也。一解云，今日之独头斧"。

从以上解释我们还难以确定这几种兵器的具体形态。一方面，这几种武器可能是周公东征临时之需而为；另一方面，也可能是西周阶段性的独特兵器现象，如类似上面提到的"援"未能在历史上推广开来。

在武术文化的源起篇章里，我已述及弓箭是人类掌握较早的武器。到了西周时期，弓箭的发展更是明显优于其他器械（包括五兵在内）。射术与射礼的发展就是有利的证明。在弓箭的制作上，《周礼·弓人》作了详细记载，在此略作摘取，如"为天子之弓，合九而成规。为诸侯之弓，合七而成规。大夫之弓，合五而成规。士之弓，合三而成规。弓长六尺有六寸，谓之上制，上士服之；弓长六尺有三寸，谓之中制，中士服之；弓长六尺，谓之下制，

① 司马迁：《史记》，中华书局，2006，第259页。

② 同①书，第195页。

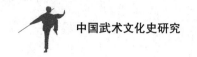

下士服之。①"

西周时期有了弓分六类之说，这六类弓是"王弓""孤弓""夹弓""庾弓""唐弓""大弓"，这六类弓的区别是"王弓""孤弓"适用于穿透铠甲等防护，"夹弓""庾弓"适合用来射杀鸟兽，"唐弓""大弓"用来教授学习射术的人。对于西周弓的分类有不少古籍均有记载，最典型的是《周礼》中的《司弓矢》篇，其次还有《穀梁传·定公八年》中有："大弓者，武王之戎弓也。"②范宁注："是武王征伐之弓。"《大戴礼》载："武王弓铭曰：屈伸之义，废兴之行，无忘自过。"《明堂位》讲："越棘大弓，天子之戎器也。"③宜候矢簋铭文有："王令虞侯矢曰：迁□侯於宜。锡〔〕鬯一卣、商瓒一□，彤弓一，彤矢百，旅弓十，旅矢千。"《尚书·文侯之命》中有："彤弓一，彤矢百，卢弓一，卢矢百。"④《荀子·大略》中讲："天子雕弓，诸侯彤弓，大夫墨弓，礼也。"⑤伯晨鼎载："□□里幽、攸勒、旅五旅，彤矢、旅弓旅矢□戈皋胄。"这上面提到的主要是两类弓矢，即"彤弓、彤矢""卢弓、卢矢"，彤指朱红，卢指墨黑。

西周时期，弓有"六弓"，箭有"八矢"。这"八矢"指枉矢、絜矢、杀矢、鍭矢、矰矢、茀矢、恒矢、庳矢。对于这"八矢"，《周礼·夏官》《司弓矢》篇讲："掌六弓四弩八矢之灋……凡矢，枉矢、絜矢利火射，用诸守城车战；杀矢、鍭矢，用诸近射田猎；矰矢、茀矢，用诸弋射；恒矢、庳矢，用诸散射。"⑥对以上"八矢"之说郑玄有注："此八矢者，弓弩各有四焉，枉矢、杀矢、矰矢、恒矢，弓所用也，絜矢、鍭矢、茀矢、庳矢，弩所用也。枉絜二者，前于重，后微轻，行疾也。杀鍭二者，前大重，中深而不可远也。矰茀二者，前于重，又微轻，行不低也。恒庳二者，前后订，其行平也，又方恒矢之属，轩□中，所谓志也。"

---

① 吕友仁，李正辉：《周礼》，中州古籍出版社，2010，第 420 页。

② 承载撰《春秋穀梁传译注》，上海古籍出版社，2004，第 712 页。

③ 胡平生，张萌译注《礼记》，中华书局，2019，第 602 页。

④ 曾运乾注，黄曙辉校点《尚书》，上海古籍出版社，2019，第 256 页。

⑤ 蒋南华等注译《荀子全译》，贵州人民出版社，1995，第 545 页。

⑥ 吕友仁，李正辉注释《周礼》，中州古籍出版社，2017，第 284 页。

西周弓作为远射武器相比夏商有明显的提高。另一种远射兵器弩也有很好的改良。对此，周纬先生提到："统观以上所述较可凭信之记载，周代弓弩弋射之制甚繁而富，弓矢之种类云多，制造之术亦精而密，较之殷代想有过之。"①

弓箭的使用发明到西周已是由来已久，相比之下，弩比弓要晚得多，弩远在弓的使用之下，它的使用方法简单，但制作比弓要烦琐，是在弓的基础上后期改进发明的。但是，于弩亦是木质，我们难以得知它于弓之后产生的具体时代。对于弩的这一方面，徐中舒在《弋射与弩之溯源及关于此类名物之考释》中提出弩在商朝乃至以前已经为人类所使用。他提到："安特生于其《中华远古之文化》及《甘肃考古记》两文中，以戈鬲（或鼎）及栗鉴为起于东方之物。最古之弋射之弩，虽无遗物留存至今。然据甲骨之文象形字言之，殷代却已有矰缴与弩之存在。是殷商或其以前，东方所特有者，戈鬲栗鉴之外，又当有矰缴与弩。"对于西周的弓矢和弩《周礼·地官司徒》《橐人》篇中有："弓六物为三等，弩四物亦如之，矢八物皆三等，箙亦如之。"②西周的弓弩无论是制作工艺还是技术使用都已发展到近乎登峰的程度。因此也使西周以后数朝数代在这方面未有突破性发展。

西周史料多次提到"五兵"之说，如《周礼》《司兵》《司右》等。"五兵"主要有以下几种。《文献通考》卷一百六十一《兵考十三》讲："有朱干中干及櫓，闻其三者，其二者未闻。五兵司农所云是也。"郑司农云："五兵者，戈、殳、戟、酋矛、夷矛。步卒之五兵，则无夷矛而有弓矢。"《月令》中有："天子乃教于田猎，以习五戎。"郑玄注："五戎谓五兵：弓矢、殳、矛、戈、戟。"③《穀梁传》中："五兵，注，矛、戟、钺、盾、弓矢。"④《礼经通论》载："五兵末长于弓矢也，故射御列于六艺。"《周礼·庐人》中有："戈、殳、戟、酋矛、夷矛。"⑤

① 周纬：《中国兵器史稿》，百花文艺出版社，2006，第101页。

② 同①书，第172页。

③ 胡平生，张萌译注《礼记》，中华书局，2019，第341页。

④ 承载撰《春秋穀梁传译注》，上海古籍出版社，2004，第170页。

⑤ 吕友仁，李正辉：《周礼》，中州古籍出版社，2017，第410页。

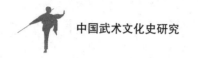

第五节　狩猎与讲武

夏商西周时期是中国武术文化史上典型的军事武术时代，无论从器械还是技能，都是在政权的导向下和军事战争紧密联系在一起。这三代还有共同的武术发展特征——狩猎活动和讲武结合在一起。集体狩猎活动，这种往往以大规模的军事活动所进行的武术操练是推进夏商周军事武术发展的重要途径。对于这一点，温力先生在其《中国武术概论中》也讲道："可以认为在古代，正是因为武术是军事活动的重要组成部分，军事活动才对整个武术的发展起到了决定性作用，离开了古代的军事活动，我们也难以设想古代的武术会如此蓬勃发展，会如此源远流长。"[1] 周享祥先生在谈到"西周的治军教育训练时"提出："'因田猎以讲武'是周朝在军事教育训练方面的指导思想。周人已充分认识到'士不先教，不可用也''教惟豫'，认识到欲战先教、先练，练为战的重要性。周朝的军事教育训练分两大部分：其一是学校教育，其二是野外实战的训练。"[2] 同时，周享祥先生还提到："战争是国家大事，作战是贵族专利，是身份的显示，作为一个贵族成员，必须具备一定的武艺。"这种以狩猎形式进行的军事训练在很大程度上会影响军事战争的成败。《国语·周语上》中载："虢文公谏'三时务农而一时讲武'，故征则有威，守则有财。"[3] 周宣王不予采纳，结果导致周宣王三十九年"战于千亩，王师败绩于姜氏之戎"。对于西周时期以狩猎的形式进行的实战格杀练习，在中国古代军事的研究中体现得比较明显。如糜振玉先生对于西周这种狩猎的军事训练认为："军队的训练与教育对于实施战略指导、进行战术运作，均有直接的关系，因此，随着夏商周时期军事学术的逐步发展，当时的军事训练与军事教育也有了相当成熟的表现。据文献记载和考古资料印证，夏商周时期军队的军事训练与实战演习，其名目称之为'蒐''狝'，

---

① 温力：《中国武术概论》，人民体育出版社，2005，第 248 页。

② 周享祥：《中国古代军事思想发展史》，海天出版社，2013，第 18 页。

③ 陈桐生译注《国语》，中华书局，2020，第 22 页。

即主要通过田猎的方式进行。"①

　　西周时期，更多的时候这种以狩猎的形式所进行的习武活动往往因为规模比较宏大而被看作军事演习。其真正的意义《穀梁传·昭公八年》有提："因蒐狩以习用武事。"②《尚书大传》卷三亦有："已有三牲必田狩者……所以共承宗庙，示不忘武备……习斗也者，男子之事也……故于蒐狩以闲之也。"③王宇信先生以《豳风七月》为评述指出了西周时期贵族狩猎的目的："到了十二月，衣着单薄的农夫又被赶着去参加一年一度的狩猎活动。贵族们跃马纵犬，神气活现。而农夫们只得跟在后面东跑西颠，也学着舞刀放箭……其实，打猎只是一种军事训练的形式，贵族们通过打猎，使农夫们略懂一些武艺和能使用枪、箭，为的是将来好让他们为自己去到战场上打仗卖命。"④《周易》中有这样一句话："六五：田有禽，利执言，无咎。长子帅师，弟子舆尸，贞凶。"杨宽先生对这句话的评释是："这是说，在借狩猎以练习武艺时，擒住野兽是有利而无咎的。"⑤对于这种以狩猎进行习武的形式也多有古籍描述。如《穀梁传·昭公》载："秋，蒐于鸿，正也。蒐狩以习用戎事，礼之大者也。艾兰以为防，置旃以为辕门。禽虽多，天子取三十焉，其馀与士众。射于宫，射而中，田不得禽，则得禽；田得禽而射不中，则不得禽。以是知贵仁义而贱勇力也。"⑥《月令》讲："乃教於田猎，以习五戎。"⑦《韩诗内传》中说："春曰畋，夏曰蒐，秋曰狝，冬曰狩。天子抗大绥，诸侯小绥，群小献禽其下，天子亲射之旃门。夫田猎，因以讲道，习武，简兵也。"《公羊传·桓公四年》中亦有："春曰苗，秋曰蒐，冬曰狩。"⑧对此刘尚慈提到："圣人作名号而事义可知……田狩有教战保田的目的。"⑨《月令章句》也讲：

①糜振玉：《中国军事学术史》，解放军出版社，2008，第 63 页。

②承载撰《春秋穀梁传译注》，上海古籍出版社，2004，第 621 页。

③王宇信：《西周》，中国青年出版社，1994，第 180 页。

④杨宽：《西周史》，上海人民出版社，2003，第 686 页。

⑤糜振玉：《中国军事学术史》，解放军出版社，2008，第 63 页。

⑥承载撰《春秋穀梁传译注》，上海古籍出版社，2004，第 621 页。

⑦胡平生，张萌译注《礼记》，中华书局，2019，，第 341 页。

⑧刘尚慈：《春秋公羊传译注》，中华书局，2016，第 64 页。

⑨同上书，第 65 页。

"寄戎事之教于田猎，武事不设空，必有一诚，故寄教于田猎。"① 这种以狩猎进行的习武形式自人类文明之初始起一直沿袭到清朝冷兵时代的结束。康熙三十一年五月十九日《上谕》曾讲："围猎以讲武必不可废。"《五礼通考》卷二《校阅》中说："讲武之义，即寓于游田之内，故校阅即田猎，田猎即校阅，二者不可分也。然观《月令》，讲武饬事之文，则其事亦有不为田猎者……大阅，治兵之事尤多，故临战而习武，以是为权礼也。"②《礼书通故》中《田礼通故》篇讲："后世尚武，简阅既繁，不能不于田猎之外另行之……古未有不田猎而徒讲武者矣。"③

"演习"可能更适合于现代军事。"演"具有表演的成分，"习"则当为习用。在军事方面兵士不仅要会使用其武器，而且要有效使用。比如士兵会开枪、开炮，以及使用其他现代武器，但不能击中目标，不能做有效地杀敌，这就需要训练，要模拟目标进行实战性练习，以达到士兵不仅能使用武器而且必须能做到有效地杀敌。冷兵器时代兵士的搏杀能力格式直接决定两军对垒中对战者的伤亡，对此《吴子》中有讲："凡兵战之场，立尸之地。必死则生，幸生则死。"④类似比较典型的表述当属戚继光之《纪效新书》最为明确："你武艺高，绝杀了贼，贼如何又会杀你？你武艺不如他，他绝杀了你。若不学武艺，是不要性命的呆子。"⑤《吴子兵法》中亦有："用兵之法，教诫为先。"⑥ 所以，器械的使用能力或进一步讲武士技能强弱形成的格斗能力，从小的方面讲影响兵士的格斗胜负，在大的方面可能会带来交战双方的输赢。作为这种集群性的军事武术技能，其教授也想当然是集体性的，而难以以个体的独对方式进行传授。

如果是面向王公贵族及子弟还有可能，但绝大部分为统治者卖命进行阵战厮杀的是贫苦的被统治者，要这部分人掌握一定的军事搏杀技能为的是使

① 徐耀环：《五礼通考》，圣环图书出版社，1994，第86页。
② 同上书，第71页。
③ 黄以周：《礼书通故》，中华书局，2007，第1259页。
④ 邱崇丙：《吴子兵法》，中国社会出版社，2005，第90页。
⑤ 戚继光：《纪效新书》，人民体育出版社，1988，第67页。
⑥ 同①书，第95页。

其效力于政权拥有者。因此，西周兵士的武技学习也必然是群体性的。要想有搏杀效果的获取或者是格斗技能的提高就必须有相应的实战训练。这一点不仅仅是体现在军事武术的应用上，在中国武术的技能传授中历来必不可少。现代武术的竞技对抗发展对这一方面体现得非常明显。冷兵时代的兵士对抗练习像西周时代是以典型的长器械（五兵）为主。如果兵士双方以器械进行有效的实际性的搏杀训练，肯定会出现受伤甚至更严重的情况。如果不去进行实际性的格杀练习又明显影响兵士作战能力的提高。在这种既要有兵士的实际训练效果达到提高搏杀作战能力的目的，又要避免在实际训练中练习者出现伤亡的需求下，相对应地以猎物代替一方进行对抗搏杀的实战训练被不断采用发展。

对于这种以猎物代替搏杀对手的实战对抗形式，戴国斌先生在其所著《武术，身体的文化》以"'击必中'的替代物""'中必催'的替代物""对手的物化"等篇章对此进行了深刻的分析和论述。他明确提出："'物对手'使武术有了'击必中'的替代物，也将原先需要对方身体来检验的击中与否，转换成是否击中物体。这样，武术的'击必中'练习也就可以在不伤及对手身体的情况下锻炼和检验其能力。如以灯芯、悬枣、木桩为'靶'，并有枪扎灯芯（悬枣）、刀砍木桩等'击必中'练习和检验方法。对此，军事如此，武术亦然。军事有戚继光《纪效新书》中以枪扎木靶中的圆木球的枪之'击必中'为证……一方面，'物对手'成了'中必催'的目标，本应体现在对手身体的'中必催'，可以在物的替代中得以实现，武术的暴力行动步入了文明化轨道。另一方面，'物对手'成了'中必催'的阶梯和天平，以'物对手'提高'中必催'的能力，也以'物对手'体现'中必催'；这样，武术在锻炼中将原先人与人的运动关系转变为人与物的关系，又在比试中体现出物与物的关系，即在共同体的'中必催'程度上比试双方功夫的高低。"[1]戴国斌先生的这段论述主要倾向的是武术在春秋走向民间以后很多的对抗格斗练习方式，并且这种练习应以徒手为主，这也恰恰是在春秋以后武术踏上军事与民间两条文化道路并得以迅速发展的重要原因之一。对于人类武术对抗的对手替代除了以物体工具作为实战对抗对手外，还有以动物作为对手的

---

① 戴国斌：《武术，身体的文化》，人民体育出版社，2011，第270-277页。

训练形式，戴国斌先生也提到了这种对抗形式："以动物为对手，并非平江不肖生的凭空想象，而有其历史依据。西周就有过借'田猎'（搏兽也）习武练兵的记载，《诗经》也有着古人徒手搏兽的描述。"①

在西周时期，狩猎的对象丝毫不缺乏类似虎、熊之类猛兽，如《世俘解》中有武王在殷郊狩猎获取野兽的统计："武王狩，禽虎二十有二，猫（指小虎）二，麋五千二百三十五，犀十有二，氂七百二十有一，熊百五十有一，罴百一十有八，豕三百五十有二，貉十有八，麈十有六，麝五十，麋三十，鹿三千五百有八。"像这种面对自然界中猛禽悍兽的猎杀可以不必有任何顾虑。把兵士所拥有的猎杀能力彻底施展出来，而达到提高冷兵搏杀的效果。《月令章句》对此讲："寄戎事之教于田猎。武事不可空设，必有以诚，故寄教于田猎，闲肄五兵。天子、诸侯无事而不田为不敬，田不以礼为暴天物。"对西周这种以狩猎进行的讲武活动，除了统治者希望达到提高兵士的实际搏杀作战能力外，还有一方面的原因是文化的继承性发展，继承是发展的前提和基础，发展是继承的生命延伸和再造，这一规律放诸四海而皆准，中国武术文化亦无可例外。

前面在武术的源起篇章我已谈到过中国武术的根始之一是原始的狩猎。这已是中国武术文化学界公认的史实。对于西周之前这种原始的人兽相搏，周伟良先生曾以云南沧源崖画为例，指出这种人与野兽搏打的场面是人类最初掌握的搏杀技能。在中国武术文化发展早期，武术文化中的技能元素就是这样在人兽相搏中不断被推进提高。（首先是以器械形式，进入西周以后在器械搏杀的基础上，逐渐衍生出徒手的技术。）所以，类似这种人兽相搏的群体形式进入到人类文明阶段的政权集结时代，便成为政权导向下为政治所利用的一种规模性的冷兵训练。对此，《礼记·月令》讲："天子乃教于田猎，以习五戎。"②《淮南子·泰族训》亦有："飨饮习射以时长幼，明搜振旅以习用兵也。"③

---

① 戴国斌：《武术，身体的文化》，人民体育出版社，2011，第301页。

② 胡平生，张萌译注《礼记》，中华书局，2019，第341页。

③ 刘安著，许匡一译注《淮南子全译》，贵州人民出版社，1993，第1188页。

第五章　春秋篇

第一节　武学与儒学

十九世纪后期，西方国家涌起了一股文化进化论的思潮，这种文化进化思想的代表有康德、黑格尔、斯宾塞、摩尔根、泰勒、马克思等。达尔文放诸四海的生物进化论仿佛渗透到了人类文化的研究领域，生物进化论的精准性也使人类文化的发展有了新的准则标定。我个人的意见以为文化是有生命的，万事万物皆不存在永恒的呈现，一切皆有始有终，有始无终的亘久永恒是不存在的，文化更是如此。因为文化的生命是人类给予的，人类给予的文化是千百不一的，人类随着生命体的更迭展现出巨大的转折、变更和发展，相应的人类的文化自然也要和人类如影随形出近似规则的体征。这也就成就了人类文化不断起伏转承而完成源始至终这一过程的生命历程。中国儒学在中华文明的悠长历史中举足轻重，虽始于汉代至今不过两千余年，却一直是中华文化的主干与核心。

近百年左右，随着西方文化的海上入侵，东方文化遭受重创下产生的新文化运动一度湮没了儒学的价值和要义，而这一切也仅是文化发展史上的小觑动辄，未足百年，儒学再度扛起中华文化的大旗并宣战至西方各国，目前孔子学院遍布世界各地已无需强证。儒学不仅仅影响甚至在很大程度上决定了中国两千年之久的历史，而且今天它的魅力更让西方文化自是愧深难如。儒学显重于历史是大家所熟知在西汉罢黜百家之后方有儒术独尊，而西汉之前至春秋儒学初始之时，儒学也仅和其他百家诸学共享历史，未得显进。相比武学（武术学，以下皆称为武学，可为武术文化之略称）儒学的历史更是难以相提并论，这并非本人作为武学的研究者和传承者对武学大加褒赞，以儒学来抬升武学。看前面几篇我对武学的拙知与粗解，相信读者当略解其源。

中国武学一路走来至今天虽至暮年，但曾经金戈铁马的历史辉煌与文化灿然已永驻历史。中国武术自源始至西周已是历经中华民族沧桑与共，也就在西周之前中华文化百家静默而未发的数千年中，中国武术早已与政治、军事携手一路走来，进入西周并开启了人类文化教育的新时代。这一切都是儒学所不能比，也难以相比的。而且，在很大程度上武学为儒学的出现与发展奠定了基础，没有早期武学所为，亦未见能有后者儒学所成。在春秋之前儒学未现的历史中，中华文明的延展几乎是中华武术一枝独秀，进入春秋之后，中华文化逐步展成"文""武"两路。即使是两路也始终是"文""武"并起于历史直至近代冷兵史的结束。苍然于历史恍然于现代，中国武术至今日当难与儒学同题并论，然历史虽成过往，文化亦必须尊重，武学曾先于儒学，武学亦曾显于儒学。自春秋之后，中华历史逐步进入一个文化繁盛的时代，虽有秦代始皇焚书坑儒，但依然后世两千余年有关儒学之显著述不断，相比之下，武学却少有人举笔，俞大猷、戚继光等为武学留笔历史者屈指可数。纵观数千年中国武学的发展，当代研究传习者逐渐为武学研究从笔，未来能为历史所铭传流后世所作不知能有几何。作为中华民族的宝贵文化遗产，集武学所成揉力一书的温力先生所著《中国武术概论》是典型之一。作为今天的民族文化研究，武学所著和儒学相比自是少之可怜。但这一切退却不了历史的本真——武学先于儒学、武学亦曾显于儒学。

今天，中国正在面临伟大的复兴时代，我们数祖难忘民族的辉煌与泪痕，时代的发展亦曾让我们这个伟大的民族在近代飘摇于风雨之中，百年沧桑与坎坷已成过往，中华民族渐起伟大的复兴时代。方朝晖先生对于今天中国所面临的这个时代提到："中国人今天遭遇的真正挑战不仅是如何建立一个政治大国、经济富国或军事强国，而是正确理解中华文明在未来人类文明之林中的位置。我们必须清醒地认识到，决定未来中华民族能否永久自立于世界民族之林并为人类进步做出巨大贡献的，绝不是它是否有强大的综合国力，而主要取决于中华民族能否建立一种新型的、有独特价值和意义的文明。"[1]方朝晖先生所提到的新型文明是时代条件下具体文化的集结，是民族文化能量的集中体现，时过境迁、立在当下，中国武学已至暮年，儒学在近代新文化运动中亦曾有漂泊，在这样一个文化转折的时代，中华民族应当正确审视本民族的文化，在民族复兴指日可待的日子里，在民族伟大承启未来的时光

---

①方朝晖：《文明的毁灭与新生》，中国人民大学出版社，2011，第1页。

里，我们要把历史清晰于过往，让后世子孙永记中华文化的伟大与浩然。

对于儒学和武学，首先来看其对比研究：武学先于儒学、武学亦曾显于儒学。对于中华武术的源始，前面篇章我已作拙述，虽不能详尽中国武术文化之源出，但亦可透视其本始非春秋战国诸子百家堪与相比。儒学始自春秋，源出孔子当无别论。或者更确切地说，儒学当立史汉代，是罢黜百家为儒学带来的时机。春秋战国尤其是春秋时代，儒学当更称为孔学。孔子时代，孔学已经具有巨大的影响，但是真正把儒学推进历史并扩大影响的是孔子的弟子及后世数代。下面首先来看一下武学如何先于儒学，武学也如何曾显于儒学。武学于中华文化发展早期春秋之前的主要表征一为军事，二为教育。这种武学早期的文化特征绝非当代武学所秉承的。

文化发展的可变性以及历史选择的有条件性使得武学特征的时代性更为明显。如大家所熟知的简化太极拳的社会普及性，是当今中华武术在冷兵时代结束应时代需求而异化发展所出现的一种社会文化现象。简化太极拳本源自武术的太极拳，武术的特质自源始之初便是"技击"，数千年的发展中，中国武术的沿袭之路不管是军事还是民间，技法特征不管是器械还是徒手，任其有怎样的动辄与发展变化，"技击"的核心要义与特质始终是其文化灵魂。而简化太极拳则几乎完全失去了技击的武学特质，当然，这里并没有否认武学向来附有的健身功能，但是一个练习简化太极拳数十年的健身者可能从未考虑他一直在练武术。这就是武学发展的时代选择性和文化自身的生命适应性。中国武术在经历中华民族漫长的史前孕育进入到文明阶段后便首先开启了军事武术的武学特征。这一点从始于"夏道尊命，为政尚武"一直到近代中国冷兵史的结束，军事始终把武学用作无法摆脱的支撑力量，这也是政治所赋予军事的历史使命。相关于这种政权嗜需下军事武术的开启，自夏到西周的结束已经历时约1300年，这期间经历了从步战到车战的变化，也有器械使用从木石器械到青铜器械的发展，技法使用上从中短器械到中长器械，器械种类从钺到戈、从戈到戟等方面的发展变化。在射术方面更不用说，发展变化居"五兵"之首，中国五千多年的文明史也同样是中国武术五千多年的冷兵史，在五千多年的冷兵史中西周时期弓箭就近乎发展到巅峰。

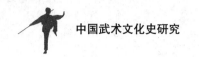

武学经历了漫长的史前孕育，经历了夏商西周1300多年的军事历练，至春秋初期其文化特征的军事化已是较为成熟。武学的这种早期经历和发展是儒学在历史上不可相比的，儒学的创始是孔子在春秋末年始有所为，春秋末期武学已在中华文明史上历经夏商西周及春秋前期四个时代及夏前文明2500年左右的时间。文化的发展有时时间便是最好的见证。武学在中华文明中漫进2500年历程早于儒学已是无法辩驳的史实，虽然夏商西周阶段主要沿袭军事路径，但这是武学后期与儒学并行发展的主干之一，也是武学与儒学相比之下，武学明显先于儒学的特征之一。

武学先于儒学另外一个为历史所举证的明显特征便是教育。作为教育和武术的起源关系在前面"武术的特质辨识其文化之根"篇章我也有述及，因为武术的起源来自人类生存的需求，这也是武术文化在中华文化万千种类中是具有最悠久历史之一的原因。中华文化宝库中，少有哪家文化其历史能更久远于武术。教育是人类延续方式的保证之一，生物体的延续能力一方面来自基因遗传，另一方面来自后天教育习得，这种后天教育习得而获取的生存能力的提高并非人类所独有，但是人类所具有的这种教育传习是一般动物所无法相比的，这一点即使是在人类进化早期也是非常明显的，否则，后期进入文明阶段的历史选择可能就不是人类了。

在生存能力的教育传习中，由于原始武术技能的功效性（对于原始武术技能的特点和功效见前面"武术的特质辨识其文化之根"篇章）促成了它成为增强生存能力而取用的首要教育传习内容，这是作为生命个体生命延续的本能性传授，最初可能缺乏思想意识性。无论怎样原始，原始的武术技能都曾经是人类教育传习的首要内容，当步入文明阶段后，这种传习方式和教育内容便更加明晰和具体起来，类似于器械的远抛和近搏方式如何能更准确更高效。当中华文明的曙光照进人类第一个政权时代夏朝，政治便赋予人类教育一种特权，奴隶主贵族子弟成为接受社会教育的主要对象，其接受教育的主要目的也如前面所述是维护政治地位。武术技能更是被政治采用为教育的主要内容，这种教育形式自夏始一直到西周，即便教育规制出现于历史的西周，"射""御"从武术技能中被挑选出来纳入到系统教育中成为典

型的"六艺"。

相比之下，军事武术经历了夏商西周春秋前期，教育也在规制形成之后历经西周春秋前期，到春秋末期才出现了儒学的创始者孔子。所以说武学先于儒学是无任何夸大成分的。而且，在春秋末期孔子始现于世，由于其教育方式和内容的独特性开创了人类先河，影响了人类历史后期迄今的所有时代，但在孔子存在的春秋时代儒学未成系统，或许更准确地可称那时期为孔学，因为儒学不仅是孔子个人的思想观点，还包括了很多他的弟子的思想并经后世数代发展起来。在孔子的春秋末期时代，虽然孔子已在当时的社会非常具有影响力，但儒学还是不显之学。孔子在当时的影响力不是因为儒学的涵厚与教义，是首先因为他所推行的"有教无类"的教育思想，这种教育思想开启了中华文明历行 2500 年左右的先河，在这之前，中国早期的教育也就是始自西周的规制性教育，是以官学形式，接受教育的对象是奴隶主贵族子弟，教育的目的是培养奴隶主贵族的接班人，内容自然是以武技为主要选择内容的六艺，教育的传授者一般是军官，官师合一，而平民百姓是根本不可能有机会接受教育的，这一点是孔子开创了历史先河，把教育的机会给予了广大的普通百姓。

《荀子·大略》讲："子贡、季路故鄙人也，被文学，服礼仪，为天下列士。"[1]《史记仲尼弟子列传》亦有："子张鲁之鄙家。"《尸子》中说："子路卞之野人，子贡卫之贾人，颜涿聚盗也，颛孙师也，孔子教之，皆为显士。"[2]所以对于孔子的弟子有"孔门多杂之说"。像以上所提，孔子学生中有穷人、有富人，甚至有大盗，也就是孔子不歧视教育对象，只要是愿意学习、肯上进，他能够给予任何人机会，即使是犯过错的"盗者"，他也会给一个悔过自新、选择上进的机会。对于孔子的这种教育思想，周桂钿先生讲："孔子作为最早的民间教师，将贵族文化（主要是礼）传播到民间，主张'有教无类'，打破了'礼不下庶人'的传统，为中华文化的普及开了先例。这是一大创举，

① 蒋南华等注译《荀子全译》，贵州人民出版社，1995，第 568 页。

② 黄曙辉校《尸子》，华东师范大学出版社，2009，第 51 页。

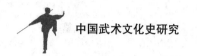

怎么评价都不过分。"① 所以，儒学之初的真正影响是孔子的开创性教育理念，而并非儒学的架构与内涵，与其说是春秋后期儒学突兴莫如孔子思想傲然。在一定程度上，如果说春秋依然是武学重于儒学也不为过分，只是出现了一个孔学新启的文化时代。

武学不仅于儒学是先启之学，而且在很大程度上可以说是为儒学的后启奠定了基础。像孔子所提三达德的仁、智、勇中的仁与勇，是武学早有提倡和发扬的品质，孔子所教亦有礼、乐、射、御、书、数之六艺，对于文武之道，孔子以为"有文事者必有武备，有武事者必有文备"。中华历史自文明伊始更至文明前史便一直是武学萌发和累积，这一文化的历史主导性早期发展不仅仅发生存在于伟大古老的中华文明，世界一切文明皆雷同如此，这一点无论是亚洲文明还是欧洲文明，也无论是澳洲文明还是后起的非洲文明，无论是东方文化还是西方文化都必然要遵循人类以及文化进化发展的同一规律。人类自野蛮蒙昧之初靠的是智慧主导下的武力征杀在自然立足，若论及猛力与残狠，人类相比师虎熊豹等远非可及，如果光靠智慧而柔若无缚鸡之能，人类也难成就最后自然的主人，必须有武力相随与智慧相拥才能有人类的自然立足，并给人类文化创造铺就后续之路。如果没有了生存，也就谈不上文化的创造与推进，更不会有后来的文化博大所成。在进入人类文明状态之后，作为自然的主人，人类对于世间万物异类的征服自然不在话下，但是，人类本身的冲突和争斗却在文明初始中激烈上演。在人类社会的推进中，人类自身的争斗和冲突是无法推却的社会能量和历史动力，每一次巨大的决定性的人类同类征杀便会带来社会形态的转变和朝代更替，对人类和历史向前做出跨越式推进。特别是在人类文明的早期阶段，文化相对于社会的这种巨进式发展力量是微弱的，所以征战和冲突一直扮演着社会发展的主力角色，这种情况一直持续到春秋战国的末期。曾经于春秋时期的140多个国家经历了春秋争霸与战国逐雄方达后期的秦之一统。所有这一切在春秋之前的多数时期都是文化簇拥下的武学为政治撑腰，文化在春秋之前缓行，文字作为传习载体发展滞缓仅是原因之一，相比于历史的选择和人类进步的规律，"武"

---

① 周桂钿：《中国儒学讲稿》，中华书局，2008，第15页。

与"武力""武学"才是王道之学，这也为后来孔子掌控并发展为孔学的"内圣外王"之道。当今早有人提到过"凡是存在的就是合理的"，其实这句话是非常具有哲学性的，存在的未必合理，但合理的终究要存在。

人类的需要和历史的存在永远是无法杜绝的，武学在中华文明的早期阶段不仅为人类社会的推进起到了巨大的催化作用，而且也是后来春秋战国文化百家的基础和前源。儒家作为春秋战国文化百家之首也毫不例外首先继习了中国武学的原作初为。美国人类学家、文化进化论学家莱斯利·怀特（Leslie A.White）对文化与人类相系的发展提到："文化进步只能来自能量……一切生命都是能量转换的结果。有机体通过无生命系统攫取丰富的能量并把它并入自己的生命系统来维持自己的生命。文化是人类利用能量并把它用于为人类生命安全服务的一种特殊手段。"① 文化的能量是人类的进步和社会的发展所产生的，文化的创生和发展具有根源性和递接性，没有前期文化的基础作用，任何新的文化类型也将是无源之水。儒学始于春秋，而武学早已转承文明千载之久。儒学的出现并非偶然，熊十力先生对儒学的出现提到："中国学术导源鸿古，至春秋时代，孔子集众圣之大成，巍然为儒学定宏基。"② 熊十力先生认为孔子之学为鸿古时期两派思想的汇通，一是尧、舜至文、武政教载籍垂范后世，二是伏羲八卦辩证导源。对于熊十力先生所提的尧、舜至文、武政教，也正是如上所提及夏商西周之军事教育，而这恰恰是中国武学早期紧密相系的，至于伏羲八卦之说相比春秋前之政教显然弱虚。所以说，即使不能讲武学为儒学源头，说武学应为儒学的前提与基础毫不过分。

第二节　春秋"角力"之武术

中国文化的发展自文明之初经历了夏、商、西周的早期缓行到春秋阶段具备了明显的发展蓄势。这种能蓄来自商代文字的创现发展和西周文化的历史搭载，这种互助和协作的人类累积能把人类的生存不断在历史重新耕耘。

---

① 怀特：《文化科学——人和文明的研究》，浙江人民出版社，1988，第227页。

② 熊十力：《原儒》，中国人民大学出版社，2006，第14页。

文化是"人化",文化亦是历史的"造化"。人类文化与人类历史同步共同演绎着于自然之上的路径开拓。我们今天能够最早见证历史的真迹大部分来自春秋与战国时代的文字,并以战国时代为主。相比之下,春秋于历史的抒写明显薄弱,尽管如此,春秋阶段还是中国历史文化浓墨重彩的篇章,武术文化在此时期亦不别外。当代武术文化研究的学者一般多把春秋与战国合时为一,因为的确是文化发展的延续性在春秋战国阶段显得极为浓厚和紧密,不太容易确别区分。但今天有幸能够在众多研究者的研究基础上来审视武术文化的春秋与战国之行,对武术文化的分节研究略作一试。

《左传》有几次提到过"搏"以示意武术的技法相争。《左传·僖公二十八年》载:"晋侯梦与楚子搏,楚子伏己而监其脑,是以惧。"① 这里提到"晋侯梦与楚子搏",这种"搏"是徒手还是手持器械,从文中不太容易辨析,虽然范宁对其注解为"搏,手搏也"。但是,在范宁的东晋时代"搏"显然可以徒手所为,因为自战国便有了中国武术技能发展的明确性标志"巧斗力"。《左传·宣公二年》中也有:"公嗾夫獒焉,明搏而杀之。"② 这里提弥明与獒相"搏"文中未能表明具体方式,作为赵盾的护卫,提弥明不可能不配备武器,也就在这场护卫赵盾的搏斗之中提弥明战死,因此提弥明之"搏"当为手持器械。另在《左传·宣公十二年》中载:"赵旃弃车而走林,屈荡搏之,得其甲裳。"③ 屈荡作为车右必然是以长器械相"搏",是以器械相搏非徒手之搏。战国以后,徒手技术是明显发展的,所以到了范宁的东晋时代,"搏"是明显可以徒手以搏,虽然有上面提弥明和屈荡的例子,而于春秋时期更多的情况我们较难明确这种"手搏"是徒手还是持器械。《穀梁传·僖公元年》也曾有过类似记载:"屏左右而相搏,公子友处下,左右曰'孟劳!'孟劳者,鲁之宝刀也,公子友以杀之。"④ 从这段记载后文"孟劳者,鲁之宝刀也,公子友以杀之"看前面"屏左右而相搏"中的"搏"当

① 左丘明:《春秋左传》,北方文艺出版社,2016,第157页。
② 同上书,第224页。
③ 左丘明:《春秋左传》,北方文艺出版社,2016,第247页。
④ 同上书,第93页。

为徒手，杜预对此中的"搏"解释类似范宁为"搏，手搏也"。但无论是《左传·僖公二十八年》中提到的"搏"还是《左传·宣公十二年》中所讲的"搏"都可以释义为范宁、杜预所注之"手搏"。而这两者的解释是在西晋、东晋时期，也就是说"搏"出现在春秋晚期，"手搏"这一称谓未在《左传》《穀梁传》中直接出现。根据中国武术文化发展的技法特点，在春秋阶段还不具备完全以徒手相搏的文化形态。虽然《穀梁传》中的"屏左右而相搏"当解为徒手，但那是突发性的毫无准备导致的手无器械，而并非凭借徒手技能相搏。后人虽然称其为"手搏"已非当时的春秋时代。像司马迁在《史记》中曾讲纣王"材力过人，手格猛兽"也是在战国时代的提法。商朝时代，格斗技法更多的也只能是本能性的肢体挥舞，还难以存在"巧斗力"的形式。所以，司马迁所讲的纣王之所以能手格猛兽也主要是因为"材力过人"。这与战国以前的武术文化技能状态是相吻合的，在战国以前如有徒手相格或相搏的存在也主要靠的是"材力"。相比较《左传》《穀梁传》中提到的"搏"，《诗经·小雅·车攻》中"建旐设旄，搏兽于敖"的"搏"更早一些，《诗经》成书于春秋中期，"搏"的提法说明在那时已经出现了，但是《诗经》中提到的搏当为持器械的"搏"，并非徒手，毕竟真正能够达到类似纣王的可"手格猛兽"之人是极少存在的。

《礼记·月令》载："孟冬之月，天子乃命将帅讲武，习射御、角力。"[1]这里面提到"角力"，说明了春秋时期中国武术的称谓以及技法特征。根据目前的研究，多数研究者认定《礼记·月令》为战国时代所作。《月令》中所提的"角力"当为战国中前期还主要存在的格斗状态，庄子所处的时代是战国的中后期时代，所以他笔下的"角力"有了改变，成了"巧斗力"，这也恰恰是中国武术文化技能状态的发展特征之一。因此，在战国早期的武术技能格斗主要还是突出以力为主，是一种"角力"的状态存在。《月令》中的"角力"称谓也就当为战国早期和春秋阶段的"武术"名称。

对于春秋时期武术徒手技法滞缓重在以力突出的特点也可另从相关古籍中略窥一斑，如《管子·小匡》中有这样一段记述："公又问焉，曰：'于

---

① 胡平生，张萌译注《礼记》，中华书局，2019，第347页。

子之乡，有拳勇、股肱之力、筋骨秀出于众者，有则以告。有而不以告，谓之蔽才，其罪五。'"① 这段记述中的"公"是齐桓公，齐桓公所处为春秋早期。从对话中可以看出齐桓公所处的春秋早期有"拳勇股肱之力"者即为人才。很显然，这昭示着春秋早期的对抗格斗是典型的以力为主，这一点与《月令》中记载战国早期的"角力"是相吻合的，也就是说春秋时期"角力"可看作是"武术"的代名词。《庄子》讲："且以巧斗力者，始于阳，常卒乎阴，秦至则多奇巧。"② 这种"巧斗力""多奇巧"已是战国后期武术技法发展出现的特点了，相比较春秋阶段的单纯"角力"是明显进步了。

《礼记·王制》中也讲："凡执技论力，适四方，裸股肱，决射御。凡执技以事上者：祝史、射御、医卜及百工。"③ 文中提到"凡执技论力，适四方，裸股肱，决射御"，其中"执技论力"表明当时的武术技能是以"力"为主，至于"执技"之说，当主要与射御有关，即使是"论力"之技，技法也必然极为简拙，是徒手相搏的初期阶段。因为《礼记》篇章最早莫过于春秋晚期所成，从武术技能发展的历史看，此处的论技当为射御之技。而"裸股肱"与"论力"相系，"执技"也要"决射御"。从以上"论力"之说也可以说明在战国之前武术徒手是以力为主的，也就是"角力"形式存在。

《诗经·郑风·羔裘》中有："羔裘豹饰，孔武有力，彼其之子，邦之司直。"④ 这里我们暂不讨论"孔武"何意，讲"孔武有力"说明当时力的重要性，当然，力在任何时候的徒手技能中都很重要，但是，这句话里并没有提到与力相关可同等并论的，而主要强调"有力"，这种"力"的突出与重要性也恰与《诗经·小雅·车攻》中"搏兽于敖"⑤ 的靠力以搏相吻合。搏之主力而缺"巧"是战国以前武术徒手技法的典型特征。

春秋时期这种以力主搏为特征的武术技法"角力"一直延续到战国后期，到了战国阶段，尽管徒手格斗技法有了明显的进步，有了"巧斗力"，但"力"

---

① 〔唐〕房玄龄注，刘晓艺校点《管子》，上海古籍出版社，2019，第148页。

② 方勇，刘涛译著《庄子》，上海古籍出版社，2019，第62页。

③ 同①书，第270页。

④ 袁愈荌译诗，唐莫尧注释《诗经全译》，贵州人民出版社，1992，第104页。

⑤ 同上书，第234页。

的主导作用还是比较明显，如《韩非子·外储说左下》中讲："少室周为赵襄王力士，与中牟徐子角力，不若也。"① 少室周为赵襄王"力士"说明作为武士"力"这一主导因素的突出。另外与中牟徐子的较量也还是称作"角力"，这也显然是沿用了早些时候春秋阶段的称谓。这种情况也就是"角力"沿用的称谓到秦统一以后依然存在，不过相比战国又有不同了，如司马迁在《史记·李斯列传》中提到："是时二世在甘泉，方作觳抵优俳之观。"② 《太白阴经》卷六《教旗图篇》载："战国之时，稍增讲武之礼，以为戏乐，用相夸视，而秦更名曰角抵。"裴骃在《史记集解》中引后汉应劭语解释道："角者，角材者；抵者，相抵也。"《汉书·武帝纪》对此解释为："名此乐为角抵者，两两相当，角力，角技艺。"③ 从司马迁所讲可看出韩非子所说战国依然存在的"角力"到秦时改称了"角抵"，通过"抵"这一字我们依然明显看到"力"的影子。到了《汉书·武帝纪》中，又有了进一步的解释，"角抵者，两两相当，角力，角技艺"，也就是说司马迁所讲的秦存在的"角抵"也就是春秋战国时的"角力"，到了秦这种角力是一种"角技艺"。《汉书·武帝纪》把"角力"进一步更称为"角技艺"也表明武术文化发展到汉代时格斗技法的存在特征明显不再是春秋的"主力"、战国时代的"巧斗力"，而是经历了秦的"角抵"成为一种"角技艺"形式。

从春秋到战国，徒手相搏中力作为突出性特征其发展变化不断散落于战国及后时代的典籍中。其中《晏子春秋》亦有类似记载。《晏子春秋》之《庄公问威当世服天下时耶晏子对以行也第一》篇中讲："公任勇力之士，而轻臣仆之死。"④ 同样在接下来《庄公问伐晋晏子对以不可若不济国之福第二》中亦有："今君任勇力之士，以伐明主……庄公终任勇力之士。"后面《景公问圣王其行若何晏子对以衰世而讽第五》中有："内轻百姓，好勇力"⑤。《晏子春秋》成书于战国后期，这说明在战国后期时代，力作为主搏因素和

---

① 张觉译注《韩非子全译》，贵州人民民出版社，1992，第659页。

② 司马迁：《史记》，中华书局，2006，第528页。

③ 班固撰《汉书》，中华书局，2017，第1027页。

④ 张景贤：《晏子春秋》，中州古籍出版社，2012，第130页。

⑤ 同上书，第132-135页。

"勇"有了明显结合，所以有了"勇力"之说。徒手相搏中，力作为突出的典型性搏击因素不再是像春秋时代那样完全"以力相搏"的"角力"。心理性支配因素"勇"成为支配力的重要因素，这与春秋时代单纯的"角力"形式不同了。原因也就在于武术文化发展中格斗技法的提高，格斗中不再几乎完全是比较力的大小，也就是庄子所提是"巧斗力"。这种巧斗力中显然包含了明显的技法因素，在这种技法与力融合的格斗技能中，心理因素相比单纯的力量要重要得多，正如现代格斗中存在的"一胆、二力、三技术"要素。战国时期，这种"勇力"中固然力依然是主导性搏击因素，而勇显然不可小觑，甚至是"巧力"发挥的制约性因素，也就是只有勇，巧力才能发挥到极致，否则即使力再巧可能也难以施展。以上《晏子春秋》中"勇力"的记载说明力作为主搏因素从春秋到战国的一种发展变化。

在战国以后，格斗技法的发展使春秋"角力"中力的"弱化"更加明显。同样是《汉书》，《汉书·甘延寿转》比《武帝纪》中"角技艺"更加明确角力的技能发展情况。《甘延寿转》中讲："延寿试允为期门。"[1] 对于这句话中"试允"的"允"三国学者孟康解释为："允，手搏也。试武士用手搏，以手搏固实用之术也。"从孟康的解释"实用之术"显然不同于以力主导的"角力"了。另在《汉书·哀帝纪》中载："孝哀雅性不好声色，时览卞射武戏。"[2] 汉末学者苏林在《汉书音义》讲："手搏为卞，角力为戏。"从苏林的解释可以看出到东汉末期手搏的技术特点已经较为突出，作为"搏"的主导性甚至是根本性因素，"力"也只是技术组成中的一个重要因素而已，这样才有苏林所讲"手搏为卞，角力为戏"。手搏和角力成为两种形式，这也是中国武术文化发展到东汉时技术明显进步，徒手相对成熟的特征。随着历史的推进，这种徒手技法依然逐步提升，到了三国时代，徒手格斗出现了"空手入白刃"。曹丕《典论·自序》中曾提到："尝与平虏将军刘勋、奋威将军邓展等共饮。宿闻展善有手臂，晓五兵；又称其能空手入白刃。"[3] 曹丕

① 班固撰《汉书》，中华书局，2017，第1027页。

② 班固撰《汉书》，中华书局，2017，第761页。

③ 曹丕：《典论·自序》。

提到的邓展能够空手入白刃，这说明徒手技术应该相当突出，否则这一点是很难做到的。这种徒手对器械的格斗技术在 1964 年江苏徐州出土的画像石上被发现。

从《史记》《汉书》到《典论》等都渐近地表明武术技法的格斗技术沿袭春秋的"角力"，其中"力"的主导逐步弱化的过程，这种过程也是中国武术文化不断发展，技击技术渐向丰富、成熟的动态。而相比于这些后期的发展春秋阶段的徒手特点是典型的"角力"。对此，《中国武术史》也提到："春秋战国时期，人们常以较武为乐，蔚成风气。《列子》记晋国贵族范子华门下众多武士，时常角力比武。"[1] 上面《中国武术史》中提到的"春秋战国时期"当主要为春秋阶段和战国早期，后面说"时常角力比武"，也就是以"角力"的形式进行比武。

第三节　"剑"在春秋

剑作为短兵之祖在春秋时期有了明显发展，在西周时代剑已经作为随身护卫利器出现，但是，剑的制作较为简陋，加上武术技法是五兵长械主导发展的时代，剑的实用价值极低，发展同样极为缓慢。进入春秋以后，剑的发展有了明显不同，中国青铜铸造技术的巨大进步给予剑的提升带来了转机，这一点在春秋后期和战国早期极为明显。马承源在其《中国青铜器》中对春秋时期的剑按照出现的时间顺序做过以下分类。

一、春秋早期薄腊圆茎短体式，腊如叶状，中脊起棱，至从末端延长成为圆茎，茎较为细长，整体为短剑式，有首，剑的部位除格都已出现。（剑身部分前端的尖突称作"锋"，中央一条突起的棱称作"脊"，脊两旁称作"从"，从两面的刃称作"锷"，合脊与两从称为"腊"。茎是剑柄的把手部分，主要有扁形与圆形的两种，格是剑茎和剑身之间的护手，又称为卫、璏、剑镗，首是茎的末端常有的圆形部分，又称为"镡"。）

二、春秋早期薄腊圆茎长体式，形状类似上一种，但是尺寸明显增加，

① 国家体委武术研究院编纂《中国武术史》，人民体育出版社，2003，第 29 页。

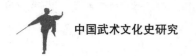

腊薄而长脊延长为茎，首为圆形。

三、春秋中期薄腊锐下圆茎式，腊篇平薄，下端斜收呈尖锐状，脊凸起延长成圆茎，无首无格，有象牙剑鞘。相比前两种，这一种有了象牙剑鞘。这之前的剑没有剑鞘。早期的剑没有剑鞘，根据周纬的研究，西周后期剑开始出现剑室即剑鞘。[①]

四、春秋晚期无格斜从扁茎式，两从宽腊短，中脊呈直线状隆起，两从微斜而凹，下短平，无格或格不连铸，扁茎有穿。

五、春秋晚期无格凹脊扁茎式，腊狭长，中脊呈弧形凹下，两侧凸起形成血槽，两从甚狭，扁茎。

六、春秋晚期无格凹从狭前锷扁茎式，腊下端较宽，上段收狭。两从凹陷呈血槽，茎扁无格。

七、春秋末期斜宽从狭前锷厚格圆茎式，脊呈直线，斜从而宽，前锷收狭，倒凹字格，较厚，圆茎，剑首分铸，首孔中嵌有琉璃。

八、春秋晚期斜宽从狭前锷厚格圆茎有箍式，形如上式，前锷所收略同，格亦倒凹字形，圆茎上有两道箍，便于缠缑。

（以上见马承源《中国青铜器》第53页-56页，上海古籍出版社，2013版。）

从以上马承源所作分类明显看出春秋时期剑的发展变化。剑最早由戈头使用转化而来，在这一方面学界还有他论，有学者提出剑由矛形短匕发展而来。在形态上，矛形短匕和戈头相比，最早的直内戈明显更接近于短剑，而矛形短匕当是由矛头转化而来，未能再进一步发展为短剑。早期的短剑因由戈头转化而来，形态简单无首无腊无后，其尾柄也极短，对此周纬也曾提到"几乎不成为柄"。这种情况当主要是商朝早期，在商朝后期短剑当有了进一步发展，形态完全有别于戈头，只是尺寸增进不大。进入西周以后短剑逐步开始了护身之用。总体来讲，短剑的茎随着历史的推进，杆形茎发展为杆形柄，再而为管形柄。进入春秋阶段中前期剑的尺寸虽然依然为短剑形态，但是其剑形已经较为完备，这也如马承源提到的除剑格之外，剑的各部位都已出现。到了春秋末期，随着青铜铸造业的不断发展，青铜兵器的打造也有了精良的

① 周纬：《中国兵器史稿》，百花文艺出版社，2006，第90-91页。

改进，剑在形态上已经较为完备了。

目前已发现春秋末期几把著名的宝剑。

一、少虡剑。1923 年山西浑源李峪村出土过一把春秋末期的宝剑"少虡剑"，这把剑现收藏于中国历史博物馆。这把剑的形态已经相当完备，长 54 厘米，宽 5 厘米。这把剑厚格，斜从宽，锋尖锐略残，腊长两从平行，圆首圆茎无箍，格厚倒凹字形，剑脊凹条形，两面错金铭文共二十字，每面十字：吉日壬午，乍为元用，玄镠铺吕。朕余名之，胃之少虡。铭文的大意为：壬午这天吉日，做了这把好用的剑，做剑的原料是锡与铜。我给这把剑起了个名字，称为"少虡"。

二、勾践剑。1965 年出土于湖北江陵望山一号墓，此剑长 55.7 厘米，宽 4.6 厘米，柄长 8.4 厘米，重 875 克，近剑格处有两行鸟篆铭文"越王鸠浅（勾践）自乍（作）用剑"八字。据考古人员回忆，刚出土时曾试过勾践剑的锋利程度，能将十六层白纸一划而透。这足见勾践剑的锋利程度，也说明在春秋晚期中国青铜剑的铸造已经到达较高水平。

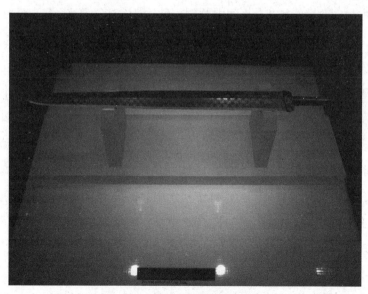

图 5-2　勾践剑（图片来自百度）

三、吴王夫差剑。吴王夫差剑是春秋末期吴王夫差时期铸造的数把宝剑，剑身铸有"攻吴王夫差自作其元用"。根据相关资料，目前吴王夫差剑现世九把。（一）1935年安徽寿县西门出土一把夫差剑，剑长58.9厘米，剑宽5.3厘米，圆首，柱状茎有两道圆箍，剑格嵌有绿松石，有兽面纹刻饰，锋刃锐利，收藏于中国历史博物馆。（二）1965年山东平度废品收购站发现一把吴王夫差剑，剑长57.8厘米，宽5.8厘米，扁茎，腊部刻有铭文十字"攻吴王夫差自作其元用"，现收藏于山东博物馆。（三）1976年河南辉县百泉文物保管所从废品中发现一把吴王夫差剑，首部残缺，剑长59.1厘米，宽5厘米，剑身铭有"攻吴王夫差自作其元用"，现收藏于中国历史博物馆。（四）1976年湖北襄阳蔡坡12号战国墓出土一把吴王夫差剑，剑首残缺，剑柄圆筒形，锋锷腐蚀，残长37厘米，宽3.5厘米，配有漆木鞘，剑身铸刻"攻吴王夫差自作其元用"，现收藏于湖北博物馆。（五）1991年河南洛阳中州路战国墓出土一把夫差剑，剑长48.8厘米，宽4.2厘米，圆首，圆筒状茎，窄格，因腐蚀腊部铭文两行仅有七字可见"王夫差……其元用"，现藏于洛阳博物馆。（六）1991年香港古董店拍卖过一把吴王夫差剑，该剑因为后被台湾王振华夫妇古越阁收藏，多以古越阁夫差剑相称，剑长58.3厘米，宽5厘米，格宽5.5厘米，首呈圆盘形，并铸有多圈同心圆突棱，前锋内敛，双刃呈弧形，两从有血槽，剑脊明显，圆茎，双箍，箍上有极细的凹槽，剑格厚，呈倒凹字形饰有兽面纹，上面并嵌有绿松石，做工极为精致，从剑的形态尺寸可以看出这是所发现夫差剑中最为精良的一把，和其他夫差剑相比当为后期所铸，明显显现铸剑技艺的提高。该剑2014年被苏州市政府收集，现藏于苏州博物馆。

目前所见春秋名剑除以上外，1991年山东邹城出土一把夫差剑，剑长59.5厘米，剑身刻有"攻吴王夫差自作其元用"，藏于邹城文管所。1965年山西峙峪出土过"吴王光剑"，剑长50.7厘米，剑身刻有"攻敔王光自作用剑"。根据现有资料，香港中文大学、美国哈佛大学各藏有一把夫差剑。

中国宝剑之"宝"当始自春秋。

相比于西周时期的短剑，春秋阶段的宝剑的出现是跨越式发展，尤其是春秋末期这点呈现得比较明显。春秋阶段剑的发展主要在于以下几点。首先是外在形态上。西周的短剑经历商代青铜冶炼的发展，也仅仅只是脱去无胡直内戈的影子，多数呈现类似今天匕首的形状。这种类似匕首的早期短剑也导致对于剑的起源上有学者曾提出来自矛头，这是十分值得商榷的历史问题。不仅是中国，世界考古研究证明人类的石器时代有石刀出现过，但是石剑却从未被发现，显然剑是铜器时代的产物，或说进入了铜器时代才有了短剑的出现，这也完全应和了最初剑当有无胡直内戈转化而来，并非由矛头发展而成。看河南偃师二里头、河南辉县琉璃阁以及河南安阳武官村等出土的直内戈的形态接近于短剑，无胡直内戈头到短匕形态也是在制作上有了改进，既节省原料又便于使用。后期西周剑的发展始于早期的类似短匕，但当时的情况下它还不具备剑的常规形态，这不仅仅体现在尺寸上。根据现有资料显示，西周时代短剑一般在三十厘米左右，一方面这是由于当时的冶炼水平，剑作为刃体较薄的利器难以锻打成较长尺寸，另一方面是它的使用价值也仅是近身防身所用，在以长器械作为主导格斗器械的西周时代，这种短剑的使用价值是难以与长器械相比的，同时还有一个更重要的方面就是武术格斗技能的原始简单，也是主要停留在长器械的使用方面。所以这种尺寸打制的短小加上社会发展的弱需使得西周短剑一般在三十厘米左右。这种短剑形式经历西周的发展进入春秋阶段后发生了变化，一方面来自春秋中后期私学教育的出现与发展极大地促进了中国武术文化格斗技能的进步与发展（早期官学的教授技能主要局限于射、御等作战技能），另一方面是青铜冶炼技术水平的不断进步使得短剑的铸造尺寸明显增大，到春秋末期青铜剑已经达到了五十厘米以上，这两方面都使得剑在春秋后期的使用价值明显提升。

　　在春秋后期剑的铸造工艺和水平相比以前有了明显的发展，剑在尺寸和锋利程度上均有明显提高，剑作为中短利器也有了批量出现，但是铸造一把质量较好的青铜剑还依然不是很容易的事，剑的质量存在着明显的差异，质量较好剑的价值比较昂贵，短剑自西周是部分贵族随身佩戴做防身之用，到了春秋后期这种价值昂贵的随身上乘利器在社会上更是达官贵族才有可能佩戴得起。对于剑的质量高低在春秋后期有了明显分界，《吕氏春秋·简选》中讲："今有利剑于此。以刺则不中，以击则不及与恶剑无择，为是斗因用恶剑则不可……王子庆忌、陈年犹欲剑之利也。"① 吕不韦虽为战国末期人，在战国时代剑有明"利"与"恶"之分是毫无疑问的，但是从吕不韦所述"王子庆忌、陈年犹欲剑之利也"可看出，在庆忌、陈年的春秋末期时代剑已有"利""恶"之别。《吕氏春秋·疑似》中载："使人大迷惑着，必物之相似也。玉人之所患，患石之似玉者；相剑者之所患，患剑之似吴干者。"② 在《别类》篇中另载："相剑者曰：'白所以为坚也，黄所以为牣也，黄白杂则坚且牣，良剑也。'难者曰：'白所以为不牣也，黄所以为不坚也，黄白杂不坚且不牣也。又柔则锩，坚则折。剑折且锩，焉得为利剑？'剑之情未革，而或以为良，或以为恶，说使之也。"③《疑似》中吕不韦所提相剑者在当时当是专门区分剑的人，能够辨识剑的优劣。在《别类》中吕不韦提到了相剑者所具有的辨世间优劣的专业能力。上面《疑似》篇所载"相剑者之所患，患剑之似吴干者"中"似吴干者"当为类似吴国干将所铸的"干将"剑。"干将"剑的出现是在春秋末期，是名震春秋战国的"宝"剑，对于干将剑后面再做详述。对于"相剑者"这一职类当为春秋末期至战国时代，干将剑的出现已是春秋末期，仿制且能使相剑者"患剑之似吴干者"说明已经能够近乎以假乱真了，也更能说明这需要在继干将之后的春秋之末至战国时代才可能的情况。对于相剑者《韩非子》中同样亦有记载："曾从子，善相剑者也。卫君怨吴王。曾从子曰：'吴王好剑，臣相剑者也。臣请为吴王相剑，拔而示之，因为君刺之。'"④ 韩非为战国后期之人，他所叙述之"相剑者"当比吕不韦所述更有说服力，至少说明相剑者在韩非或其前时代已是确存无疑。

以上《吕氏春秋》中对于剑"利"与"恶"的描述，以及庆忌、陈年的时代还有干将的后期仿制明显可以看出剑在春秋后期存在的优劣明显不同，对于上乘之剑人们视为珍宝，如干将剑。像伍员之剑吕不韦在《吕氏春秋·异

① 张玉春译著《吕氏春秋》上，黑龙江人民出版社，2003，第185页。

② 吕不韦：《吕氏春秋》，北方文艺出版社，2016，第355页。

③ 同上书，第394页。

④ 张觉译著《韩非子全译》上，贵州人民出版社，1992，第380页。

宝》中有这样一段记载："古之人非无宝也，其所宝者异也……解其剑以予丈人，曰；'此千金之剑也，愿献之丈人。'丈人不肯受，曰；'荆国之法，得伍员者，爵执圭，禄万檐，千金镒。昔者子胥过，吾犹不取，今我何以子之千金剑为乎？'"① 从以上不难看出，伍员之剑当为千金之宝。再从伍员所讲"此千金之剑也，愿献之丈人"可以看出，他这把剑不同于一般剑是"千金之剑"，说明剑在那一时期已有明显的差异。对于伍子胥这段"千金之剑"之说司马迁在《史记》中也有叙载："伍胥既渡，解其剑曰：'此剑直百金，以与父。'父曰：'楚国之法，得伍胥者赐粟五万石，爵执圭，岂徒百金剑邪！'"② 司马迁的这段描述当和吕不韦是所指一事，都说明伍子胥当时的佩剑价值不菲。吕不韦另在《侈乐》中讲道："世之人主，多以珠玉戈剑为宝。"③ 吕不韦在这谈到的情况"以剑为宝"当始自春秋。因为在春秋之前的短剑无论是其形制、材质还是功能均不突出，而到了春秋后期则有明显不同，开始有了"以剑为宝"的情况，像以上少虞、勾践、夫差等剑的情况均属于此。在《知分》篇中吕不韦还谈道："荆有次非者，得宝剑于干遂……弃剑以全己，余奚爱焉！"孔子曰："不以腐肉朽骨而弃剑者，其次非之谓乎！"④ 次非是孔子同时代的人，他在干遂得到了一把宝剑。由此可以看出，在孔子时代"宝"剑是不容易得到的利器。这种情况自春秋后期延续到战国早期，如《庄子·刻意》中曾讲："夫有干越之剑者，柙而藏之，不敢用也，宝之至也。"⑤ 这说明在庄子的时代吴越之剑被看作宝物，舍不得用，而用木匣装起来收藏。

对于春秋"宝"剑，《左传》中有一篇《虞公贪玉剑》，该文讲："虞叔有玉。虞公求旃。弗献。既而悔之，曰：'周语有之"匹夫无罪，怀璧其罪。"吾焉用此，其以贾祸也？'乃献之。又求其宝剑。叔曰：'是无厌也。无厌，

---

① 张玉春译著《吕氏春秋》上，黑龙江人民出版社，2003，第238页。
② 司马迁：《史记》，辽海出版社，2014，第365页。
③ 张玉春译著《吕氏春秋》上，黑龙江人民出版社，2003，第110页。
④ 张玉春译著《吕氏春秋》下，黑龙江人民出版社，2003，第646页。
⑤ 方勇，刘涛译著《庄子》，上海古籍出版社，2019，第248页。

将及我。'遂伐虞公。"① 可见由于虞公贪恋"宝"剑而最终丧失了国土，这在一定程度上说明春秋阶段剑作为宝物的巨大诱惑力。对于春秋"宝"剑，司马迁在谈到季札时也曾重点提及："季札之初使，北过徐君。徐君好季札剑，口弗敢言。季札心知之，为使上国。未献。还至徐，徐君已死，于是乃解其宝剑，系之徐君冢树而去。"② 季札也属于春秋后期时代，对于这段描述中季札之剑的贵重当丝毫不逊于吕不韦和司马迁所提到的伍子胥之剑。

历史的过往人间万千，能真正在历史留痕的必然曾是在一方或一个时代举足轻重，中国的铸剑技艺在春秋后期绝对是一个震撼历史的壮举，这种壮举主要是指这种铸剑技艺直到两千年后科技飞速发展的今天，我们都难以超越，更甚至是解释不透。好在少虞、勾践、夫差等剑的历史呵护让我们对司马迁和吕不韦等笔下的"宝"剑疑虑难存，也让我们不得不由衷地自豪于我们这个伟大民族古老文化的璀璨浩然。春秋后期不仅仅是邓析子、孔子等私学创始时代，也是中华文化走出百家兴起诸子的开端。中国武术文化也恰恰就是在这样一个盎然勃发时期带来了"宝"剑震撼历史的壮举，促进了中短器械的长足发展，同样也促动了文化百家与武术文化的浸染与融合，这才有了后期的《庄子·说剑》、《史记·太史公自序》"以传剑论险"，以及《汉书》中《手搏》与《剑道》等名篇巨作。所以，吕文郁先生在谈到春秋与战国这段时间文化发展时提到："历史为学术争鸣提供了自由平等的社会条件，所有的学者、学派、团体都享有最充分的民主权利，他们可以自由地著书立说，平等地参加争鸣。这种极其开放、极其宽松的文化氛围在中国历史上是绝无仅有的。更何况，各诸侯国的时君世主好恶殊方，一些人往往避其所恶，投其所好，因而各种各样的思想、学说都可能找到欣赏者，从而获得大发展的绝好机会。"③

传说中的春秋"宝"剑。

众多的史料都曾指向春秋末期出现过几把赫赫有名的"宝剑"，像前面

① 张宗友译著《左传》，中州古籍出版社，2016，第46页。

② 司马迁：《史记》，辽海出版社，2014，第170页。

③ 吕文郁：《春秋战国文化史》，东方出版中心，2007，第51页。

我们迄今已经发现了的少虞、勾践、夫差等剑，虽然亦是历史名剑，但还未能列入史籍所提的几把"宝"剑。对于春秋时期历史所载的名剑主要有以下几把：湛卢、纯钧、胜邪、鱼肠、巨阙、龙渊、泰阿、工布、干将、莫邪、布光等。其中尤其是湛卢、纯钧、胜邪、鱼肠、巨阙、龙渊、泰阿、工布这几把剑，在汉代以后的史料中，这几把剑的引述颇多，关于这几把剑的出处主要来自《越绝书》，即使是今天的史学研究者也把《越绝书》看作是这几把宝剑的主要依据。对于《越绝书》的成书时代，目前还不能完全统一，有几种不同的说法，如春秋说，这一说主要指向是子贡，其次还有战国说、西汉说、东汉说等，对于作者主要指向伍子胥以及袁康吴平。如果《越绝书》成书确定时代为春秋末期，那对于其中所记载的以上几把宝剑也就无需多虑了。而若是《越绝书》成熟较晚且晚于春秋，更甚是东汉，那么这几把春秋时期的著名"宝"剑很是值得探究的。

对于以上湛卢、纯钧、胜邪、鱼肠、巨阙、龙渊、泰阿、工布这几把宝剑，《越绝书·越绝外传记宝剑第十三》载：

> 昔者越王勾践有宝剑五，闻于天下。客有能相剑者，名薛烛。王召而问之，曰："吾有宝剑五，请以示之。"薛烛对曰："愚理不足以言，大王请，不得已。"乃召掌者，王使取毫曹。薛烛对曰："毫曹，非宝剑也。夫宝剑，五色并见，莫能相胜。毫曹已擅名矣，非宝剑也。"王曰："取巨阙。"薛烛曰："非宝剑也。宝剑者，金锡和铜而不离。今巨阙已离矣，非宝剑也。"王曰："然巨阙初成之时，吾坐于露坛之上，宫人有四驾白鹿而过者，车奔鹿惊，吾引剑而指之，四驾上飞扬，不知其绝也。穿铜釜，绝铁□，胥中决如粲米，故曰巨阙。"王取纯钧，薛烛闻之，忽如败。有顷，惧如悟。下阶而深惟，简衣而坐望之。手振拂扬，其华捽如芙蓉始出。观其铆，烂如列星之行；观其光，浑浑如水之溢于塘；观其断，岩岩如琐石；观其才，焕焕如冰释。"此所谓纯钧耶？"王曰："是也。客有直之者，有市之乡二，骏马千疋，千户之都二，可乎？"薛烛对曰："不可。当造此剑之时，赤堇之山，破而出锡；若耶之溪，涸而出铜；雨师扫洒，雷公击橐；蛟龙

捧炉，天帝装炭；太一下观，天精下之。欧冶乃因天之精神，悉其伎巧，造为大刑三、小刑二：一曰湛卢，二曰纯钧，三曰胜邪，四曰鱼肠，五曰巨阙。吴王阖庐之时，得其胜邪、鱼肠、湛卢。阖庐无道，子女死，杀生以送之。湛卢之剑，去之如水，行秦过楚，楚王卧而寤，得吴王湛卢之剑，将首魁漂而存焉。秦王闻而求之，不得，兴师击楚，曰：'与我湛卢之剑，还师去汝。'楚王不与。时阖庐又以鱼肠之剑刺吴王僚，使披肠夷之甲三事。阖庐使专诸为奏炙鱼者，引剑而刺之，遂弑王僚。此其小试于敌邦，未见其大用于天下也。今赤堇之山已合，若耶溪深而不测。群神不下，欧冶子即死。虽复倾城量金，珠玉竭河，犹不能得此一物，有市之乡二、骏马千疋、千户之都二，何足言哉！"

············

楚王召风胡子而问之曰："寡人闻吴有干将，越有欧冶子，此二人甲世而生，天下未尝有。精诚上通天，下为烈士。寡人愿赍邦之重宝，皆以奉子，因吴王请此二人作铁剑，可乎？"风胡子曰："善。"于是乃令风胡子之吴，见欧冶子、干将，使之作铁剑。欧冶子、干将凿茨山，泄其溪，取铁英，作为铁剑三枚：一曰龙渊，二曰泰阿，三曰工布。毕成，风胡子奏之楚王。楚王见此三剑之精神，大悦风胡子，问之曰："此三剑何物所象？其名为何？"风胡子对曰："一曰龙渊，二曰泰阿，三曰工布。"楚王曰："何谓龙渊、泰阿、工布？"风胡子对曰："欲知龙渊，观其状，如登高山，临深渊；欲知泰阿，观其铊，巍巍翼翼，如流水之波；欲知工布，铊从文起，至脊而止，如珠不可衽，文若流水不绝。"①

按以上《越绝书》所载，欧冶子铸造了三长两短五把宝剑，也就是上文提的"大刑三、小型二"。这三把长剑是湛卢、纯钧、胜邪，两把短剑是鱼肠、巨阙。至于龙渊、泰阿、工布三把宝剑是欧冶子与干将为楚王所铸。以上是《越绝书》对于这几把历史名剑的记载，按照上面的记述，显然这几把剑出于春秋末期，由于《越绝书》成书年代的不确定性，这几把历史名剑出

---

① 李步嘉校释《越绝书校释》，中华书局，2016，第301-303页。

现于春秋的情况似乎也有些模糊。如果《越绝书》是东汉时代把这几把宝剑载入，东汉距春秋五百年左右的时间，仅仅依据传说，它的可靠性是需要研究的。其实姑且把《越绝书》成书年代搁置一边，对于《越绝书》提到的这几把剑以及铸剑者欧冶子和干将，在它们出现的春秋末期不久后的战国时代也有史籍曾经提到。如《韩非子》载："夫视锻锡而察青黄，区冶不能以必剑；水击鹄雁，陆断驹马，则臧获不疑钝利。"①上面《韩非子》中所述"区冶不能以必剑"中的"区冶"也就是铸剑大师欧冶子。此外，《韩非子》中还有："使贲、育带干将而齐万民。"②这里韩非所讲的"干将"指的是干将与莫邪所铸造的"干将"剑。对于干将与莫邪载于《吴越春秋》，后再详提。另在《尉缭子·吴子》有："令严如斧钺，利如干将。"③这里尉缭所提"干将"也就是干将所铸的干将剑。韩非和尉缭都是所处战国时代，这早已是确定无疑的，不同于五百年后的《越绝书》（《越绝书》最晚认定东汉时代），他们口中所提的欧冶子和干将当具有直接的确定性，也就可以证实以上欧冶子与干将铸剑的史实。

对于春秋时代所出现的"宝"剑，紧随其后的战国百家诸子所提当更为可靠。《越绝书中》的五把宝剑，于汉以后几无踪迹，传说湛卢剑曾在南宋时期为民族英雄岳飞持有，但并无可靠史料相证。《荀子》中也曾经几次提到过几把"宝"剑，但不同于《越绝书》的"五剑"，《荀子·性恶》载："阖闾之干将、莫邪、巨阙、辟闾，此皆古之良剑也。"④另荀子在《强国》篇也提到过莫邪剑："刑范正，金锡美，工冶巧，火齐得，剖刑而莫邪已。"⑤《议兵》篇中也是提到"莫邪"之利："故仁人之兵，聚则成卒，散则成列，延则若莫邪之长刃，婴之者断；兑则若莫邪之锋利，当之者溃。"⑥荀子所处为战国末期，其几次提到过莫邪剑，显见在战国时代莫邪剑的影响是较大

① 张觉译注《韩非子全译》下，贵州人民出版社，1992，第 1075 页。
② 张觉译注《韩非子全译》上，贵州人民出版社，1992，第 467 页。
③ 徐勇注译《尉缭子　吴子》，中州古籍出版社，2011，第 104 页。
④ 蒋南华等注译《荀子全译》，贵州人民出版社，1995，第 505 页。
⑤ 同上书，第 324 页。
⑥ 同上书，第 292 页。

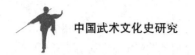

的，至少于荀子看来这把宝剑的做工与锋利是难以匹及的。另一方面，《荀子》不同于《越绝书》，比《越绝书》对于春秋时代的记述更加确定。

现代研究证实中国应该在至少公元前5000年左右便出现了金属的冶炼，当然，这种最早的冶炼金属可能来自用火的偶然性，还未能批量的技术性使用，是中国冶炼最初萌发的黄铜阶段。大约在公元前2000年左右便明显进入了一个典型的青铜时期，这种青铜冶炼在商代就已经进入一个快速发展的时代，但是，兵器的冶炼与发展却是一个精细缓慢的过程，几乎是这种发展历时1500年左右进入春秋中后期才有了厚积薄发般质的提高，春秋"宝"剑的不断问世震撼着后世与历史。对于剑的较早出现《管子·数地篇》中有："葛天卢之山，发而出水，金从之。蚩尤受而制之，以为剑铠矛戟。"①蚩尤时代至管仲的时间有两千年之久，这种传说的可靠度是需要深究的。《列子·汤问》中曾记载了春秋卫人孔周收藏殷周时代的三把剑"含光""承影""宵练"，《列子》所提这三把剑是很有可能存在的，在朱开沟遗址考古中曾有商代短剑发现，据研究短剑所处的时代应该在公元前14世纪至公元前13世纪。这种商代短剑的情况也基本符合中国青铜文化早期的发展，但是至于蚩尤时代可就不同了，《管子》所载蚩尤时代之"剑"却难有立足之证。无论从周炜对中国兵器的早期研究，还是现代考古成果都可表明中国剑约始自青铜冶炼的早期时代，进入春秋中后期青铜剑的冶炼被武术文化的技能发展加以催化，原因主要是这种短兵利器明显显现出用武之地，所以，社会的需求也快速彰显，青铜"宝"剑的铸造、"相剑者"等一系列中国宝剑快速发展情况均在春秋后期出现。

后世对于宝剑的流传除来自《越绝书》"五剑"外，更多的还有以上提到的"干将""莫邪"，像《韩非子》《荀子》等多次提及干将、莫邪，足见干将莫邪剑在战国时代的影响还是比较大的。但遗憾的是干将与莫邪二人现在所见详细记载均是来自《吴越春秋》，而《吴越春秋》如同《越绝书》成书距春秋时期较远，赵晔在著述《吴越春秋》时所依据的资料是否主要依靠传说还是其它难以确定。对于干将莫邪二人铸剑之说，赵晔在《吴越春秋》

---

① 〔唐〕房玄龄注，刘晓艺校点《管子》，上海古籍出版社，2019，第442页。

中这样讲："城郭以成，仓库以具，阖闾复使子胥屈盖馀、烛佣，习术……战骑射御之巧，未有所用，请干将铸作名剑两枚。干将者，吴人也，与欧冶子同师，俱能为剑。越前来献三枚，阖闾得而宝之，以故使剑将作为二枚，一曰干将，二曰莫邪。莫邪，干将之妻也。"[①] 赵晔在《吴越春秋》中较为详细地叙述了干将莫邪二人为阖闾铸剑的过程。不管赵晔对于干将莫邪铸剑的记载依据何来，就从《韩非子》《荀子》《尉缭子》等的记载来看，这并非赵晔凭空所杜撰。

　　春秋后期是中国"宝"剑问世的时代，出了欧冶子、干将、莫邪等几位流传千古的铸剑大师，也曾铸就数把历史名剑，对于流传的春秋名剑如表 5-1 所示。

表 5-1　春秋名剑

宝剑名称	所载名称主要出处	铸剑者
鱼肠	《越绝书》	欧冶子
巨阙	《越绝书》	欧冶子
湛卢	《越绝书》	欧冶子
纯钧	《越绝书》	欧冶子
胜邪	《越绝书》	欧冶子
龙渊	《越绝书》	干将，欧冶子
工布	《越绝书》	干将，欧冶子
泰阿	《越绝书》	干将，欧冶子
干将	《吴越春秋》	干将，莫邪
莫邪	《吴越春秋》	干将，莫邪
布光	《史记》	铸者不详
辟闾	《荀子》	铸者不详

　　以上这是历史所载春秋时代出现的数把"宝"剑，除了以上数把宝剑外，司马迁在《史记》中还曾经提到过几把宝剑，分别是"棠溪""墨阳""合赙""邓师""宛冯"，这几把剑除司马迁提到外，在其他古籍中却鲜见踪迹，根据司马迁的叙述，这几把剑的出处时代较大的可能是在春秋之后的战国时代。在《史记》中司马迁是这样讲的："韩卒之剑戟皆出于冥山、棠溪、

---

① 〔东汉〕赵晔著，张觉译注《吴越春秋》，北京联合出版公司，2015，第 8 页。

墨阳、合赙、邓师、宛冯、龙渊、泰阿，皆陆断牛马，水截鹄雁，当敌则斩坚甲铁幕，革抉芮，无不毕具。"① 司马迁提到这几把剑时还提到了龙渊与泰阿，他所提的这几把剑的顺序是随意所提还是有意安排？《史记》是司马迁毕其所生而成的历史巨著，笔辍所到绝非随意，这也是我们今天把《史记》看作最确实可靠历史根据的原因之一。

以上司马迁所提到这几把剑的顺序当是有原因的。在战国时代的资料中，如《韩非子》《墨子》《荀子》等有提及干将莫邪等剑未见棠溪、墨阳、合赙、邓师、宛冯等，很大的可能性是这几把剑出现于战国中后期，另一方面的原因就是干将莫邪等剑出现于春秋时期到战国时期已经有了很大的历史性影响，这种影响的效果是同时代的宝剑还不具备的。而到了西汉时期不管是春秋"宝"剑，还是战国名剑都成为了历史性铭器被载入史册。司马迁之所以先提及战国时代的这几把剑，应该是它们对西汉时的影响可能要大于春秋时代的"宝"剑。原因在于一方面是战国时代的铸剑工艺远胜于春秋时期，虽然春秋后期中国的宝剑铸造技术明显提升，但铸造一把锋利的良剑还是比较困难的事情，因此也就有了欧冶子、干将、莫邪等铸剑大师的出现，也相应地有了数把历史性名剑留存千古。这种铸剑的情况到了战国时期，特别是战国中后期就更加不同了。

铸剑技术发展到战国时代以后有了长足的进步，这一点明显体现在战国剑成分、尺寸、锋利程度以及剑的佩戴使用等方面，因此，战国名剑相比春秋时期更是优中选优了，这也是战国名剑到西汉时期的影响大于春秋"宝"剑的另一个原因。根据《越绝书》和《吴越春秋》的记载，春秋时期的"宝"剑主要出自吴越等地，也就是今天的江浙一带，对此《考工记》中也讲："郑之刀，宋之斤，鲁之削，吴粤之剑，迁乎其地，而不能为良。"②（《考工记》"吴粤之剑"中的"粤"当通"越"。）《考工记》所述多成于战国早期时代，铸剑地域还主要是春秋后期存在的吴越，这到了战国早期还是依然如此，因此有了《考工记》所讲"吴粤之剑，迁乎其地，而不能为良"。另在《战国

---

① 司马迁：《史记》，中华书局，2006，第 425 页。

② 吕友仁，李正辉注译《周礼》，中州古籍出版社，2017，第 369 页。

策·赵三》中亦有："夫吴干之剑，肉试则断牛马，金试则截盘匜。"①《战国策》这一说法应当是春秋后期或战国早期。对吴越之剑的著名，《庄子·刻意》也讲："夫有干越之剑者，柙而藏之，不敢用也，宝之至也。"② 这也都充分说明战国早期的吴越还是唯一著名的铸剑之地。而司马迁所讲棠溪、墨阳等战国名剑是出自冥山，从司马迁所述冥山在当时应当就在韩国境内，是韩国剑戟等兵器的主要铸造地，是在今天的河南一带，现在的河南省西平县境内有冶城和棠溪村，应该就是战国时代韩国的铸剑之地，司马迁提到的冥山也应在西平境内。从江浙到河南这种名剑铸造地在春秋战国的变化也说明了宝剑铸造的发展变化，这种变化最主要的是铸造技术的提升。进入战国时代以后，中国剑的铸造已经从春秋时代著名的江浙地域逐步向其他地方发展，已改"吴粤之剑，迁乎其地，而不能为良"，这一点不仅仅是司马迁笔下"出于冥山的韩国"，《荀子·议兵》中有："宛钜铁矛，惨如蜂虿；轻利僄遫，卒如飘风。"③说明楚国宛地的矛极其坚硬锋利，这种坚硬锋利的铸造技术在春秋也仅仅是少见于有"宝"剑可出的吴越之地。从春秋到战国铸剑技术提升的主要表现之一在于剑的成分和尺寸上。在剑的铸造成分上，春秋宝剑多以青铜铸造，这也是自夏代至春秋中国金属铸造主要采用的材质。在剑以青铜材质为主的同时，春秋末期也有了铁剑的出现。

　　春秋中后期，青铜剑的铸造开始批量出现，尤其是春秋后期，在这个过程中也开始偶有铁剑、钢剑出现。1965年的河北易县燕下都考古挖掘中曾出土过十二件铁刀（河北省文物局文物工作队《燕下都第22号遗址发掘报告》，《考古》1965年第11期），并且在燕下都编号为M44号的墓葬中发现铁器79件，其中剑15件。春秋末期除铁剑出现外也开始有钢剑出现，20世纪70年代后期长沙杨家山65号墓曾经出土过一柄钢剑，剑长38.4厘米，宽2～2.6厘米，脊厚0.7厘米。经过现代技术检测，这柄剑含有0.5%左右的中碳钢，剑身断面可以在放大镜下观察到反复锻打的层次，剑身厚处是7～9层中碳

① 〔汉〕刘向著，王华宝注译《战国策》，中州古籍出版社，2016，第251页。
② 方勇，刘涛译著《庄子》，上海古籍出版社，2019，第248页。
③ 蒋南华等注译《荀子全译》，贵州人民出版社，1995，第313页。

钢锻打叠加而成的，这是中国早期铸剑技术的一项证明。除以上燕下都铁剑外，20世纪70年代甘肃灵台县景家庄发现的春秋晚期秦墓中也出土过铜柄铁剑；1992年陕西宝鸡益门村春秋墓出土过20多把春秋铁剑，其中有3把金柄铁剑。用现代科学技术鉴定，这些铁剑的成分以铁为主，不含各种合金元素，含碳量极低，检测表明铁剑的硬度值高于现代工业纯铁的硬度，其硬度高的原因可能与多次锻打和淬火技术有关。今天，我们有一个词叫"千锤百炼"恰恰是中国春秋战国名剑锻造的一个真实写照。也正因为经历了千锤百炼，才有了历两千年之久依然可以熠熠生辉的春秋"宝"剑，这不仅创造了中国铸剑史上的辉煌，也是世界兵器发明史上的壮举，是中华文明璀璨的见证，是中华民族勤劳智慧的结晶。

春秋末期，经历了商、西周，春秋大半时间共一千多年之久，中国的青铜铸造应该是到了相当纯熟的程度，如战国早期的《考工记》中就有对于青铜铸造的材质配比记载："金有六齐，六分其金而锡居一，谓之钟鼎之齐。五分其金而锡居一，谓之斧斤之齐。四分其金而锡居一，谓之戈戟之齐。参分其金而锡居一，谓之大刃之齐。五分其金而锡居二，谓之削杀矢之齐。金锡半，谓之鉴燧之齐。"[1] 以上《考工记》所载"金有六齐"中除第一项钟鼎之外，其它都是相关兵器铸造。这说明春秋后期兵器的铸造已经基本有了一定的数据依据，不过，根据现代科学研究，以上戈戟、大刃、削杀矢的材质配比不可能锻造出"宝"剑来，按照《考工记》的这种配比所铸造的剑虽然锋利但韧性不足，极易断裂。显然，《考工记》所载的这种配比曾是春秋后期至战国早期兵器铸造的一般数据，因此很难打造出类似欧冶子、干将、莫邪等人的铸剑效果，欧冶子、干将、莫邪等铸剑名师的铸剑技艺在当时远超《考工记》所载的这种一般水平。至于春秋后期的铁剑，应该是在青铜冶炼铸造过程中偶有的出现，不过，这在青铜铸造的时代也逐渐开启了中国早期的钢铁冶炼。总之，春秋后期已经开启了中国"宝"剑的时代，进入战国以后，宝剑锻造又有明显发展，如前面我提到的宝剑铸造区域由吴越向韩之冥山的发展，对于这种春秋战国的"宝"剑周炜也曾讲到："周剑以春秋战国之剑为多且佳，世

---

① 吕友仁、李正辉注译《周礼》，中州古籍出版社，2017，第385页。

人均致其爱赏，曰干将、莫邪，曰龙泉、太阿，曰纯钩、湛卢、鱼肠、巨阙，均属此期，为中国铸剑艺术盛时产物，为之分类，颇属难能。"①

第四节　名将曹沫

春秋末期以前，由于文武合一的教育特点，即使是在武术方面卓有成就者也难以显山露水，在那样的时代条件下，少数能以武留笔历史的一般也是王侯达官。前面也提到过，像孔子本为文武合一，而为后世所知是其儒学所传，其本人和武学的联系与造诣几乎完全被隐匿，所以无论是春秋三传，还是其它记载春秋与之前的典籍很难发现除个别王侯之外的武学达人，当然，作为震撼历史的武学达人之一，曹沫曾为鲁国重用也是因为其勇力突出。历史对于武林人士的这一记述情况只有在进入战国以后，文武分途、文武分职，部分武学巨匠才有了清晰进入历史的机会。

作为中国早期的武术文化影响者之一，春秋阶段的曹沫是少见者，否则，在远离五百年之久的情况下，如果没有极大的影响是不可能为司马迁和刘向记述于笔下。尽管对曹沫与武术的详细关联我们难以得知，从司马迁和刘向所述来看，曹沫作为春秋阶段的武术文化历史人物是不可拒载的，也是春秋时期中国武术文化史上的重要史料。

在《史记》中司马迁把曹沫与专诸、豫让、荆轲等人一并列入刺客列传，司马迁对曹沫的描述如下：

> 沫者，鲁人也。以勇力事鲁庄公。庄公好力。曹沫为鲁将，与齐战，三败北。鲁庄公惧，乃献遂邑之地以和。犹复以为将。
>
> 齐桓公许与鲁会于柯而盟。桓公与庄公既盟于坛上，曹沫执匕首劫齐桓公，桓公左右莫敢动。而问曰："子将何欲？"曹沫曰："齐强鲁弱，而大国侵亦以甚矣。今鲁城坏即压齐境，君其图之。"桓公乃许尽归鲁之侵地。既已言，曹沫投其匕首，下坛，背面就群臣之位，颜色不变，辞令如故。

---

① 周炜：《中国兵器史稿》，百花文艺出版社，2006，第71页。

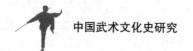

桓公怒，欲倍其约。管仲曰："不可。夫贪小利以自快，弃信于诸侯，失天下之援，不如与之。"于是桓公乃遂割鲁侵地。曹沫三战所亡地尽复予鲁。[①]

曹沫因勇力而为鲁庄公重用，春秋时期的"勇力之士"也就是在以力为主导下的技击秀出于众者。与齐国三战败北依然为庄公重用。在双方交战中，由于战略、多寡等可能某方面或多方面造成的失败并未让庄公对其丧失信心，依然重用。后来在齐鲁会盟之中，曹沫以其勇毅顽强足智的表现带来了"三战所亡地尽复予鲁"。这也说明曹沫不仅"勇力"突出，而且智勇双全，把握时机，顽强果敢。

对于曹沫这段历史，刘向在《战国策》中也有记载：

曹沫为鲁君将，三战三北，而丧地千里。使曹子之足不离陈，计不顾后，出必死而不生，则不免为败军禽将！曹子以败军禽将，非勇也；功废名灭，后世无称，非知也。故去三北之耻，退而与鲁君计也，曹子以为遭。齐桓公有天下，朝诸侯。曹子以一剑之任，劫桓公与坛位之上，颜色不变，而辞气不悖。三战之所丧，一朝而反之，天下震动惊骇，威信吴、楚，传名后世。[②]

曹沫之奋三尺之剑，一军不能当；使曹沫释其三尺之剑，而操铫鎒与农夫居垅亩之中，则不若农夫。[③]

司马迁和刘向皆是记述了曹沫的同一情况，作为武学达人或武将，无论春秋还是战国，一般为历史所载入者，或是指挥过极有影响力的战役，或是领导过国家社会出现巨变的改革。曹沫为司马迁和刘向所记显然不是因为其"三战三北"，而是因为其勇毅顽强、机智果敢，曹沫的这种临危不惧也恰是因为其艺高而胆大。在中国武术文化史上像曹沫这样的"大智""侠者"后继不乏，但在春秋与之前者能为历史留名甚少。中国武术文化的史学匮乏，特别是古代史部分不得不说有这方面的原因。

① 司马迁：《史记》，辽海出版社，2014，第461页。

② 刘向：《战国策》，时代文艺出版社，2009，第97页。

③ 同上书，第79页。

第六章　战国篇

第一节　从"战国"名字的解读来看武术文化的跨进条件

对于"战国"这一名称，在战国时期就已经存在了。"战国"这一名称的提法在《尉缭子》当中曾有出现，《尉缭子·兵教下》中有："今战国相攻，大伐有德。"《尉缭子·兵教下》中再次出现："战国所以立威擒敌，弱国之所以不能废也。"[①] 依据 1972 年银雀山一号汉墓《尉缭子》竹简残卷的出土，现代学界基本确定《尉缭子》为战国中晚期的作品，这说明"战国"这一说法在当时的战国时代就已经存在了。杨宽先生指出"战国"这一名称是"用来指当时参加连年战争的强国的"[②]。"战国"这一词成为战国的时代特征，在一定程度上可以映射出那一时代的社会状况，因此，到西汉时，刘向编辑《战国策》一书便开始把春秋至秦统一之前的那一历史时期用作特定的历史时段名称"战国"。从这一名称的由来不难看出，春秋到秦统一的二百多年的时间里，中国大地战火连连，始终处于不断的纷争与战灾状况。杨宽先生在其《战国史》当中对这一状况和春秋时期对比提到："七个集权的地主政权的出现及随之而进行的一系列封建的社会改革，使得他们的经济力量、政治力量比较强大，军事力量比较雄厚，他们之间的战争，较之春秋时代大国争霸的战争，也就更加激烈、更频繁，规模更大了。这样的战争，一直到秦始皇兼并六国，创建了统一的中央集权的封建国家才告结束。"[③]

从战国名称的由来也不难看出相比于春秋时期，战国时代的厮杀与纷争只能是有过之而无不及，对此沈长云在谈这一段历史时讲道："昔人论战国兼并战争的酷烈云：'争地以战，杀人盈野；争城以战，杀人盈城。'各国用兵动辄十万、数十万。比较起春秋时期的争霸战争，不仅规模更加巨大，

---

① 徐勇注译《尉缭子　吴子》，中州古籍出版社，2011，第 97-99 页。

② 杨宽：《战国史》，上海人民出版社，1980，第 2 页。

③ 同上书，第 3 页。

而且在性质上也发生了一些变化。七国间更进一步地抛弃了宗周'共主'这面旗帜，也没有了对付入侵的戎狄的共同需要，剩下的，只是赤裸裸的弱肉强食和兼并。"① 所以，战国时期的这种战争与厮杀相比以前是愈演愈烈，战国期间的方式、规模以及惨烈程度都明显超越了春秋时期。中国武术文化的特质是"技击"，其源起之根与发展的主要内在动因简单地说来也就是格斗厮杀，这一点我在前面篇章中也多次提到，在春秋阶段各国之间的争杀主要是车战和步战，到了战国以后成为骑战与步战，以过去的长械为主，长短并用、短兵厮杀。在政治面前，尤其是社会动荡的战争年代，武术文化最容易成为效力政权的主将，这一点是毫无疑问的，历史也一直是这样走过来的。战国时代的这种战斗与争杀显然有了以人体技击为表征或特质的中国武术一展身手的时机。对于战国时代的武士与残杀，张居正先生在其所著《楚史》中讲道："一说到战国时代，人们就容易联想到惨烈的战争……它的明星并不只是赳赳武夫……它的奇迹并不只是伏尸百万、血流漂杵。"② 虽然从中国武术的源始之初历经夏、商、西周以及春秋等各个历史时期，从打斗与厮杀到集群性的军事战争都曾经毫无疑问地为武术文化的发展注入了巨大能量，而这种带来能量的机会到"战国"时代显然有了更大的提升。我们从"战国"这一名称的由来以及学界和历史对其的解读也可以看到这一点，中国武术文化在战国时期有了更能一展身手的舞台和机会。对于战国阶段给武术发展带来的契机邱丕相先生也提到："战国时期，战争频繁，参加战争人数众多，所以士兵体质强弱与技能高低往往成为军队战斗力强弱的重要因素。当时，为了适应作战需要，各国对士卒都加以训练，主要是锻炼胆量、体力、拳脚……由于各国诸侯大都崇尚武功，极大地促使了这一时期军事武技的发展。"③

---

① 沈长云：《士人与战国格局》，安徽人民出版社，2013，第17页。

② 张居正：《楚史》，中国人民大学出版社，2010，第232页。

③ 邱丕相：《中国武术史》，高等教育出版社，2008，第23页。

第二节　私学的社会发展使中国武术从官学走进民间

春秋后期私学已经在社会上出现了，这一改春秋之前的贵族教育垄断。进入战国以后，私学更是明显发展，我们从六艺教育内容的转变可以看出在教育形式和内容等方面的巨大变化。之前曾经是文武合一的贵族教育转变成了文武分途贵族和大众的共同教育，各家学派聚众讲学分别培植自己的子弟，传播各自的思想和学术。

曾经只有贵族能够接受的教育机会在战国不再是特权，渴望已久的大众百姓对于面向民间的私学极度欢迎，教育不再是那样可望而不可及，他们也希望通过教育改变自身的命运与处境，所以，私学在战国的发展无异于甘霖落于久旱。

私学的迅速发展把孔子改订的诗、书、礼、乐、易、春秋等六项内容承担起来，成为那一时期中国文化教育的主导，也开启了儒学发展的重要历史地位。从战国六艺教育的内容可以看出曾经春秋之前的六艺不见了"射""御"，文武合一的教育内容完全变成了"纯文化"教育，武术文化技能方面的教育呢，哪里去了？这种新六艺教育内容的转变并非是武术文化的历史抛弃，而是改变了文化传播的途径和形式。事实上，我们可以从文化源起与发展的哲性方面进行探讨战国阶段这种私学的进步与文武分途，中国传统历史文化是丰厚的，是博大的，是深远的，但这一现象并非从历史之初就是如此，从中华文化最初之始到春秋末期，中华文化始终不断地进步发展着，这种不断的进步甚至某些阶段的快速提升使中华文化在春秋战国之际难以再沿袭曾经的历史轨道，自然所赋予的发展给出了新的选择和机会，其中私学的出现与进步就是明显的表征。这种转变带来的就是文武两条路径，不再是武为主导的文武合一。我们必须坦诚地面对"武"原始的残酷与无情，当然很多情况下它的这种冷漠的能动性可以转化为巨大的正能量去伸张正义、扶危济困、除暴安良，"武"本身原始野蛮的起底随着人类文化的演进不断修正与提升，从中华文明之初一路经过夏、商、西周、春秋近两千年的发展，"武"的本源与始质逐渐修正并丰富成了无需诗、书、礼、乐等加以相伴沁养的独立文化形态，开始选择了自己独立的历史文化形态发展之路，加上私学的创立发展给予文武分途带来了机会，不再是官学的垄断性文武合一、一统天下，武术文化便真正踏上自己独立的文化历史发展轨道。

战国时期出现了以儒学为主的诸子百家，在私学的传承方式上传播着各自的思想与学理，并纷纷著书立说以后世沿袭，这成为人们心目中的文化，因为这类百家诸子虽观点不一、学术各异、思想迥然，但他们共同的特点是完全以理论宣讲与传承，说得俗一点是"只动嘴的文化"，并且他们的文化都通过文字载于书籍布播当代、传承后世。所以，逐渐地文字与书籍成为文化的表征形式。相比之下，武术文化则不然，由于这一文化形态的独特性，人体技击的特质使它完全有别于任何形态的学说与思想，是"动嘴为附、动体为主"的文化，并且，它所注重的是技击能力，而不是"说辞"如何丰富。

战国时代的私学传承是两种基本形式，一种是诸子百家，社会历史大众心目中理解的"说辞文化"，另一种就是从文明之初一路征杀至战国才开始独步历史文化舞台的"人体技击文化"——中华武术。

武术从曾经的官学和文武合一的教育形式中分离出来，借着中国古代私学的发展，沿袭独立的文化教育轨道开始充分的能量展示。这是武术文化发展的良好机遇，并且同时遇到战国时代各国纷争所急需武术人才的情况，再加上社会大众也有平等的享受教育的机会，武术文化教育的私学发展在当时社会上也并不逊于其他诸子文化。只不过像上面提到的其他各家"说辞"文化都通过文字书籍布播传承，因此历史留痕明显，即使战国过后曾经嬴政焚书，我们当今依然通过部分古籍残痕看到那段历史，诸子百家在当时的情况我们就是这样得知的。武术文化显然不同了，由于其人体技击的特质，在传承上以练为主，而不是以说为主，因此文字书籍的依赖性较差，这样也就很少有人去把相关的具体内容通过文字书籍去呈现，更多的是口传身授，这不仅在战国时代，从源始之初到战国独步踏上文化正规一直到整个后期的历史发展过程，武术文化的布播与传承基本主要依靠的就是这种方式。其间也有部分文化研究与传承者不仅进行过理论上的研究与总结并形成文字，但因为传承的时间精力等问题，这种成果非常之少。

总之，战国私学的发展不仅给予诸子百家聚徒讲学、传播己念、著书立说的机会，也同样给武术文化的独行发展创造了条件。对于战国时代官学转变私学给当时文化发展带来的影响，吕思勉总结说："春秋以降，弑君三十六，亡国五十二，诸侯奔走，不得保其社稷者，不可胜数。向之父子相传以持王公取禄秩者，至此盖多降为平民，而在官之学，遂一变而为私家之学矣。世变既亟，贤君良相，竞求才智以自辅，仁人君子，思行道术以救世；下焉者，以思说人主出其金玉锦绣，取卿相之尊。社会之组织既变，平民之能从事于学问者亦日多，而诸子百家，遂如云蒸霞蔚矣。"①

第三节　诸子百家对武术文化的推动

任何形态文化的发展都不可能是隔离独行的，文化本身就是人在历史行进中的创造与更新，这种人类成果千变万化的更迭与堆垒逐渐形成了文化的博大与悠远。正因为任何形态的文化都是源出于人的行为和活动，都是围绕着人的核心因素出现的，所以在形成与发展中有着这样那样的联系甚至是相互交织是必然的。战国期间武术文化与诸子百家当然也不可能脱离这种必然的文化存在发展规则，尽管那是武术从文武合一中分离出来已经开始独步历史的文化轨道阶段，但这种文化独步是它以其独有的文化形态开始呈现并发展，这并不是说独步发展就是与其他文化隔离独立起来，而是在形态上有了自己的特色，有了自己的主导路径，文化的相互交汇与融通在武术与诸子百家身上依然明显存在着。文化的相互影响存在着积极和消极、有利和不利两种情况，诸子百家对武术文化的影响主要方面显然是积极的，这种积极的作用在春秋后期孔学与老学身上已经表现得比较明显，进入如战国时代，这种作用就更大了。

我们今天谈及武术时可能更多的指向是武术的特质或文化核心部分——技击，正是武术的这种人体技击特征使得它本身的文化属性被忽略。武术从

---

① 吕思勉：《先秦学术概论》，中国大百科全书出版社，1985，第16页。

源起至今不可否认的始终是毫无动摇的根植于技击一路发展而来，人们显而易见它的主要表现特征为人体的各种技击能力不断丰富，在武术这种主要发展表象背后还有人们不易注意的融入武术中更为深层的内涵，那就是武术的文化归属。从史前源起，伴随中华文明的行进，武术一路沧桑至今天，在整个历史进程中它大概主要经历了这样几个阶段：史前源始野蛮的本能性，夏朝至春秋以武为主导的文武合一与军事主线，战国至南北朝文武分途军事与民间的两条路径，隋唐至宋代的门派有别拳种繁多，明清时期的文化巅峰，中国武术的暮年时代。

中华武术从史前一路走来早已不是简单的肢体挥舞以及器具运用，中华民族的博大智慧与超强勇敢早已融入其中，金戈铁马的文化效应也曾屡屡建功于"武能定国"的历史舞台，文化的沧桑行进中始终是政治不可脱离的最强支撑。冷兵时代，这种武术与政治军事的联系是显见的，这方面无需再多说。除政治军事学与武术文化有着密切的联系外，其他各家民族传统文化都或多或少的与武术有着联系，如大家熟知的儒家与道家文化，这方面我在前面春秋篇章孔学与老学中已经谈过，此外，还有佛学、易学、医学等，这些也都是比较明了的与武术文化联系比较密切的。武术与我们这个民族同始共起，伴随中华文明历经数千年，这不是一般文化可以相提并论的，今天，它虽然被简单地归列入体育学中被束缚了手脚，文化的厚重与博大是忽略不了的，比较准确地说，在很多体育运动项目还未曾出现的一个多世纪之前，武术已经完成了它冷兵时代的主要历史使命，并且以近乎完备的文化形态成为中华民族的自豪。龚鹏程在谈到武术的文化性时也提到："唯有顺着这样的思路，我们才能深入了解中国武术，且将武术作为理解中国文化的一个据点，辨明它与其他纯粹搏击技术及体能运动之不同。"①

战国时期的诸子百家除儒家与道家以外还有墨、名、法、纵横、阴阳、农、杂等诸家文化。之所以有文化诸家之说，是因为他们有各自的思想、学说，他们从不同的角度服务于不同的社会集团，相互间从不同的角度、不同的立场出发阐释观点、发表见解、著书立说，给当时的社会带来了极大的影响和

---

① 龚鹏程：《武艺丛谈》，山东画报出版社，2009，第317页。

促动。其中军事学（亦称兵学）相对于其他各家更是独树一帜，战国时期军事学的进步与发展成为中外军事史上的重要篇章。战国军事学的进步也无疑是当时"战国"的时代需求与百家文化的人才培养浸润所推动的。当时主要的代表人物有孙膑、吴起（诸子百家之中学界罕列兵家，一般把吴起归入法家）、尉缭等人，遗留后世的兵法著作有《孙膑兵法》《吴子》《六韬》《尉缭子》等。

　　上面提到中国武术在春秋后期之前主要沿袭的就是军事发展路径，在春秋末期才开始逐渐向民间散布，战国有了明显的军事与民间两条路径。所以，军事武术一直是中国武术文化的重要内容，很自然地类似于以上《孙膑兵法》《吴子》等兵家名著，必然与武术有着密切的联系，这方面在前面春秋时代的司马穰苴与孙武部分已经探讨得比较多了。孙膑作为著名的军事学家，他的学识由来见不到相关的史料证据，不过，同样也是军事大家的吴起曾经求学于曾子，吴起的学识必然有着儒学的成分，虽曾学于曾子，他却不是儒学一派而是兵学大家，孙膑、尉缭等人在当时文化百家的社会环境中又何尝不会如此。这也就是文化的相互影响与渗透，正如吴子的情况，军事武术作为武术文化的重要一支也不会封闭在其他诸子文化之外，或多或少可能就会有其他各家或某家的思想与理论存在其中。像杂家代表人物吕不韦，根据他的思想和理论形成的著述有《吕氏春秋》，其中吕不韦在"孟秋纪"中有《荡兵》三篇，"仲秋纪"后四篇也都讨论的是军事。《荡兵》中有这样一句话："未有蚩尤之时，民故剥林木以战矣，争斗之所自来者久矣，不可禁，不可止。"[1]国家体委武术研究院编纂的2003版《中国武术史》在武术萌芽篇中也曾对此做过引述。另《荡兵》亦有："人曰'蚩尤作兵'，蚩尤非作兵也，利其械矣。"[2]对于"蚩尤作兵说"前面篇章我已做论述，不再重复。其中还有一句"兵也；连反"，有学者将此译作"徒手搏斗，也是争斗"。中国武术技法的发展是先器械后徒手，先长器械后中短器械，这样一种随着技法技能的提高而逐步进展的过程，战国时代徒手相搏已经明显存在，至于在当时徒

---

　　① 吕不韦：《吕氏春秋》，北方文艺出版社，2016，第74页。

　　② 同上。

手的称谓有几种，"连反"是否是常见的称谓等是需要进一步研究的。像以上有关武术文化的相关理论曾多次见诸于吕不韦之《吕氏春秋》，作为杂家一派，吕不韦的很多思想、观点极大地丰富了中国武术文化的内涵。

墨家代表人物墨子主张"尚贤"，墨子讲："是在王公大人为政于国家者不能以尚贤事能为政也。是故国有贤良之士众，则国家之制厚，贤良之士寡。则国家之制薄。故大人之务，将在于众贤而已。"① 何为贤良之士？墨子对此也做了解释："譬若欲众其国之善射御之士，必将富之、贵之、敬之、誉之，然后国之善射御之士，将可得而众也。"② 显然，作为墨家代表人物的墨子把具有武术技能者看作是国家强盛必需的人才，这样的"贤良之士"必须要重用。墨子的思想对当时社会关于武术人才的重视和任用起到了极大的帮助，同时也进一步推进了武术文化的发展。前面孔学和老学时我讲到过孔学重"仁"，老学倡"义"，"仁"与"义"历来是中国传统文化道德教义的核心价值与最高行为准则。作为墨家代表人物，墨子更是把"义"看作处身立世的行为高标。史学考证墨子出身手工业者，是从庶民之中苦搏励志进入士层的，深感社会的动荡与纷争给百姓带来的疾苦，战国时代于疾苦之中求生存，人的良性受到重创，所以墨子强调"万事莫贵于义""从事于义，必为圣人"③。

在《墨子》之中墨子单独讲到了"贵义"，他比老学所提更上一层，墨子"义"理的感召与倡导在当时有极大的影响，据《淮南子》记载墨子门徒一百八十人都能赴汤蹈火在所不惜，"墨子服役者百八十人，皆可使赴火蹈刃，死不还踵，化之所致也。"④ 墨子的弟子为什么这么多人都能够临危不惧、赴死凛然？是"化之所致也"。同样是对"义"的珍视与倡导，相比于春秋末期的老子，墨子所处战国初期对战国期间的影响要更紧密一些，像其门人弟子"服役者百八十人，皆可使赴火蹈刃，死不还踵"，肯定会于当时的社

① 周才珠，齐瑞瑞译注《墨子全译》，贵州人民出版社，1995，第50页。

② 同上书，第51页。

③ 同上书，第553-556页。

④ 刘安著，许匡一译注《淮南子全译》，贵州人民出版社，1993，第1210页。

会具有极大的影响。中国武术文化史上"侠文化"是一支劲旅，无数的习武者借助于武术的威能伸张正义、扶危济困、除暴安良……呈现过一幕幕可歌可泣的壮举，成为百姓称颂、世代相传的侠义之士。这种"侠文化"的最早由来比较确切地说是始自春秋后期，真正把"侠义"精神注入历史当是墨子的战国时期。司马迁在《史记》中曾单有"刺客列传"一篇，这算是较早把"侠文化"作著述的，司马迁对其所记五位侠义之士称赞道："自曹沫至荆轲五人，此其义或成或不成，然其立意较然，不欺其志。名垂后世，岂妄也哉！"①司马迁所记五人之中，除曹沫处于齐桓公时期，聂政、豫让和荆轲皆是战国时期，专诸也是近于春秋战国之际。

影响较大又较早见于老学的"义"到了战国时代有了明显的提升，战国这种"义"的教义与传播毫无疑问与战国初期墨子的推崇与教化有着密切的关系，像上面提到的"服役者百八十人，皆可使赴火蹈刃，死不还踵"，影响力显然是不会小的，作为诸子百家中的墨子，其于当时的影响吕文郁先生曾提到："战国时代，墨家与儒家并称显学，在社会上影响极大。"②我们不能很肯定地确定类似聂政、豫让和荆轲所谓来自墨子的功劳，但是我们更不能否认"万事莫贵于义"下的"百八十人赴死不惜"的巨大影响。所以，墨子所重视的"义"为中国武术文化中的"侠文化"增添了重重一笔。对于这一点，1997版《中国武术史》也有提到："墨家门徒的信义武勇与慷慨赴死的精神，正是中华文化两千余年来与武术有着密切联系的'武侠'的历史渊源。"③

战国期间各国为了自己的利益，从小处着眼强权富国、抵御外敌，从大处谋划扩军备战、开疆扩土，纷纷采取了一些变革措施。这也就是中国历史上最早的普遍性的、规模性的变法运动。战国时期的变法改革首先从魏国开始，魏文侯四十年任用李悝为相开启了战国时代的变法运动，其后各国纷纷采用不同的措施也进行变法以富国强军。对此司马迁在《史记》中提到："魏

① 司马迁：《史记》，辽海出版社，2014，第461页。
② 吕文郁：《春秋战国文化史》，东方出版中心，2007，第147页。
③ 国家体委武术研究院编纂《中国武术史》，人民体育出版社，2003，第42页。

用李克，尽地力，为强君。自是之后，天下争于战国……有国强者或并群小以臣诸侯，而弱国或绝祀而灭世。以至于秦，卒并海内。"[①] 军事向来效力于政治，文化与政治的联系也是十分密切的，当政治处于极大的变动之时，文化必然有着同步的影响。战国期间的系列变法给各国带来不同的收益：政权得到巩固、军事明显强化、经济得到发展，在这些变化的同时还有一个明显方面就是文化的进步，相比于军事和经济，文化对于政治的作用尤其是动荡的战乱时代要弱得多，尽管如此，社会在政权支撑、政治经济军事的带动出现明显发展的情况下，文化的进步依然是可观的。在一定程度上，战国诸子百家的兴起与发展也和诸国的变法有一定的关系，武术文化在这种社会环境中也有了自己的发展机遇，换言之，战国时代的法家也为武术文化的发展起了积极作用。

李悝在魏国开启了战国时代的变法运动，而后出现了一批主张"依法治国"并推行变法的人士，代表人物主要有卫鞅、申不害、韩非等。相比于其他诸子，因为他们主张"依法治国"，推行变法与法治因此被称为"法家"，"法家"之学，也就是他们的思想与理论也被称作"刑名法术之学"。以李悝为代表的法家的思想与变法中采取的措施诸多方面都对武术文化注入了新的元素。

作为法家的代表人物之一，李悝在魏国的变法中创立了"武卒"制："魏氏之武卒，以度取之，衣三属之甲，操十二石之弩，负服矢五十个，置戈其上，冠轴带剑，赢三日之粮，日中而趋百里，中试，则复其户，利其田宅。"[②] 李悝设立的"武卒"制明显是为魏国选拔武术人才的方式，所以，荀子讲"魏氏之武卒，以度取之"，魏国这种"武卒"的人才在选拔之后可以"利其田宅"，这无疑会明显提高魏国武术人才的地位，对于促动魏国的习武之风有着积极的作用。早在孙武之时齐国就兴起习武之风，所以《荀子》中有"齐人隆技击"[③]之说，然而即使在"齐人隆技击"的情况下，荀子说："'齐

---

① 司马迁：《史记》，辽海出版社，2014，第 167 页。
② 蒋南华等注译《荀子全译》，贵州人民出版社，1995，第 297 页。
③ 同上。

之技击'不可以遇魏氏之武卒。"① 可见魏国"武卒"的技击能力超过了"隆技击"的齐人。

继李悝之后，法家的另一代表人物申不害在韩国实施变革措施。韩国在战国本属小国，通过申不害变法政权巩固国力大增，因此，司马迁在《史记》中说："终申子之身，国治兵强，无侵韩者。"② 其间申不害非常注重兵器的制造，因此成就了韩昭侯时代韩国剑戟与弓弩威名天下，在韩宣惠王时苏秦为楚对其游说曾提到："天下之强弓劲弩，皆自韩出……韩卒之剑戟皆出于冥山、棠溪、墨阳、合伯。邓师、宛冯、龙渊、太阿，皆陆断马牛，水击鹄雁，当敌即斩坚。"③ 中国武术文化史上不仅有名震中外的"勾践之剑""夫差之剑"，以及永久流传的铸剑大师欧冶子、干将莫邪，同样也有威震战国七雄出自冥山、棠溪、墨阳、合伯的"韩之剑戟"，当代有铸剑大师已经复原棠溪剑，其锋利程度令人咋舌。当时韩国名剑利戟的制造毫无疑问当归功于法家代表人物之一的申不害，他不仅带来了韩国的强大，也给中国武术文化史上的铸剑注上了重重一笔。

谈到战国法家对武术文化的影响，卫鞅也必须要提一提，虽然在《战国策》《史记》等相关记述战国的古籍中很难找寻卫鞅对于武术文化的直接关系，但是秦国在战国及后期对于整个中国社会的影响是决定性的，这种决定性作用直接体现在秦的强大发展和一统六国，以及统一天下之后所做出的各种举措，这其中就有在文化方面对于中华文化起着阻断历史的震撼性毁灭——焚书坑儒。即使是在焚书之前，相比其他各国，秦国在战国时代对于中国文化影响的决定性也是非常明显的。卫鞅在当时的秦国又是举足轻重的关键性人物，秦国正是经过卫鞅的两次变法才逐渐从七国之中脱颖而出成为强大的国家，才有了后来的一统天下，所以东汉王充讲："商鞅相秦公，为秦开帝业。"（《论衡·书解》）韩非也讲："遂行商君之法……是以国治而兵强，地广

① 蒋南华等注译《荀子全译》，贵州人民出版社，1995，第297页。。

② 司马迁：《史记》，辽海出版社，2014，第357页。

③ 刘向：《战国策》，中州古籍出版社，2016，第296页。

而主尊。"① 所以，作为法家代表人物之一的卫鞅在给秦国带来关键性作用的两次变革中，必然对政治军事有着巨大支撑作用的武术文化有极大的影响。

《战国策·秦一》讲："卫鞅亡魏入秦……兵革大强，诸侯畏惧。"②《秦三》中亦讲："教民耕战，是以兵动而地广兵休而国富，故秦无敌于天下，立威诸侯。"从以上无论是韩非所讲、王充所述，还是《战国策》所载都说明一个问题，秦国的强大能无敌于天下以至统一六国主要来自"商君之法"："兵革""教民耕战"。自然冷兵时代的"教民耕战"离不开武术技能的运用，这种以国家法制的推行方式是最有力的为武术文化注入动力的举措，秦国掀起近乎全民皆兵之风，《商君书·兵守》中有："壮男为一军，壮女为一军，男女之老弱者为一军，此之谓三军也。"③从卫鞅的"兵革"中可以看出，秦国力图强大掀起全民皆兵习练之风，即使老弱也不例外。也正是这种"教民耕战"的兵革措施使秦国国治兵强、地广主尊。在秦国的这种变革发展中，全民的作战能力明显提高，对于武术文化的推动作用显然是非常明显的。

关于社会大众的文化选择性学习来讲，经济的带动措施、军事的鼓励措施、民间风气的促动等都远不及政策强制要求的发展，这种强制性的发展对于全民具有最有效的广谱性。卫鞅所做的"教民耕战"以及"三军"兵革正是秦国的一种国家要求，要求全民"习战"，冷兵时代的习战显然对于武术技能的发展具有极大的意义。卫鞅在秦国所为对于中国武术文化的推动相比其他法家与其他各国对武术的影响要明显深远得多，这也恰恰体现了那句老话"武能安邦"，所以，类似韩非、王充等人做过对卫鞅所为给秦国一统天下具有决定性意义的评价。

卫鞅对于武术文化的影响还有一个极为重要的方面就是"禁止私斗"。卫鞅在秦国实行过两次变法，第一次变法主要有四个方面的内容，这四个方面其中之一就是"奖励军功，禁止私斗""为私斗者，各以轻重被刑大小"④。

---

① 韩非著，张觉译著《韩非子全译》，贵州人民出版社，1992，第196页。

② 刘向：《战国策》，中州古籍出版社，2016，第34页。

③ 石磊译注《商君书》，中华书局，2019，第113页。

④ 司马迁：《史记》，辽海出版社，2014，第378页。

在春秋时期私斗还不明显，而战国时代，由于社会的动荡、私学的发展、民间武术的走向等，加上社会上恩怨冲突迸发明显，同时社会上出现了类似"养士"等情况的集结和团体，把私人之间的殴斗又有进一步升级。这一切是春秋时期不曾存在的。关于"私斗"，《韩非子》中曾有几次提到，如《孤愤篇》"以私剑而穷之"、"必死于私剑"，《显学篇》"家斗之勇"、"拒敌而无私斗"，等等。司马迁在《史记》中也提到"为私斗者""怯于私斗"。

战国时代社会存续发展的特定时代条件和环境因素等带来了"私斗"这一特殊的社会现象。"私"与"公"是对立的，私斗的大量存在不仅直接影响社会的稳定性，更甚会消弱政权的统治，这种因"私"而导致的殴斗同时也会把武术技能的运用与发展导入歧途，使中国武术文化的价值要义蒙羞。对于文化的发展，我们向来所崇尚的是为民服务的最高宗旨，当然，由于万事万物存在发展的双重性，负面的、消极的影响总是难免存在的，武术文化亦难以例外，但如何把负面的消极影响降到最低，最大可能地发挥其功能优势，彰显其价值能量是需要努力做出一番工作的。卫鞅在这一方面对中国武术文化的斧正发展具有积极的作用，虽然最初他所作"禁止私斗"不是出自中国武术的立场，但对武术文化价值发挥的正确导向和能量抒发却是隐含其中。尤其是对于当时战国时代开始不久即迅速发展的民间武术来说，斧正武术的正确方向直接关系到其以后的历史走向与发展，也只有斧正，才能让这一厚重博大的中华文化能够选择沿袭辉煌之路。在历史的行进和秦国的发展与统一中，卫鞅显然是影响巨大和功不可没的，对于中国武术的积极意义相比于他对秦国政权的作用显然不可并论，但是，毕竟冷兵时代哪一代帝王想维护政权、扩疆开土都是离不开武力的，这都要涉及中国武术文化的能量抒发，所以，历史虽未明显把卫鞅与武术表明在一起，但他作为法家代表人物之一对战国时期中国武术文化的影响还是很有必要一提的。

参考文献

[1] 黑格尔. 小逻辑 [M]. 北京：商务印书馆，1996.

[2] 体育院、系教材编审委员会《武术》编写组. 武术：第 4 册 [M]. 北京：人民体育出版社，1978.

[3] 体育院、系教材编审委员会《武术》编写组. 武术：第 4 册 [M]. 北京：人民体育出版社，1983.

[4] 全国体育学院教材委员会. 武术 [M]. 北京：人民体育出版社，1991.

[5] 武术教材编写组. 武术 [M]. 北京：高等教育出版社，1996.

[6] 体育院、系教材编审委员会《武术》编写组. 武术（上册）[M]. 2 版. 北京：人民体育出版社，1985.

[7] 体育院、系教材编审委员会《武术》编写组. 武术（上册）[M]. 北京：人民体育出版社，1989.

[8] 摩尔根. 古代社会 [M]. 北京：商务印书馆，2012.

[9] 布雷斯特德 J H. 文明的征程[M]. 李静新，周惠来译. 西安: 陕西师范大学出版社，2007.

[10] 陈序经. 文化学概观 [M]. 北京：中国人民大学出版社，2005.

[11] 马克思，恩格斯. 马克思恩格斯全集：第三卷 [M]. 中共中央马克思、恩格斯、列宁、斯大林著作编译局译. 北京：人民出版社，1960.

[12] 吕不韦. 吕氏春秋 [M]. 哈尔滨：北方文艺出版社，2016.

[13] 马克思. 马克思古代社会笔记史 [M]. 中共中央马克思、恩格斯、列宁、斯大林著作编译局译. 北京：人民出版社，1996.

[14] 乔凤杰. 中华武术与传统文化 [M]. 北京：社会科学文献出版社，2006.

[15] 中国社会科学院考古研究所安阳工作队. 1969—1977 年殷墟西区墓葬发掘报告 [J]. 考古学报，1979（01）：27-157.

[16] 石磊. 商君书 [M]. 北京：中华书局，2009.

[17] 刘安. 淮南子全译 [M]. 许匡一译. 贵阳：贵州人民出版社，1993.

[18] 韩非. 韩非子全译 [M]. 张觉译. 贵阳：贵州人民出版社，1992.

[19] 李薇薇. 文化之源 [M]. 北京：中国友谊出版公司，2006.

[20] 李步嘉. 越绝书 [M]. 北京：中华书局，2018.

[21] 马克思，恩格斯. 马克思恩格斯选集：第三卷 [M]. 北京：人民出版社，1960.

[22] 左丘明. 春秋左传 [M]. 北京：线装书局，2016.

[23] 江百龙，袁威. 武术的功能刍议 [J]. 武汉体育学院学报，1996（04）：40-45.

[24] 徐旭生. 中国古史的传说时代 [M]. 桂林：广西师范大学出版社，2003.

[25] 恩格斯. "资本论"第一卷提纲 [M]. 北京：人民出版社，1957.

[26] 恩格斯. 劳动在从猿到人转变过程中的作用 [M]. 北京：人民出版社，1972.

[27] 张碧波，张军. 中华文明探源 [M]. 上海：上海人民出版社，2007.

[28] 康殷. 古文字形发徽 [M]. 北京：北京出版社，1990.

[29] 李学勤. 中国古代文明起源 [M]. 上海：上海科学技术文献出版社，2012.

[30] 诗经全译 [M]. 贵阳：贵州人民出版社，1992.

[31] 袁行霈，严文明，张传玺，等. 中华文明史：第一卷 [M]. 北京：北京大学出版社，2006.

[32] 李印东. 武术释义：武术本质及功能价值体系阐释 [M]. 北京：北京体育大学出版社，2006.

[33] 刘德佩. 军事体育的由来与军事体育的概念 [J]. 解放军体育学院学报，2000（03）：1-4.

[34] 倪民. 三皇五帝 [M]. 郑州：河南文艺出版社，2013.

[35] 周宝宏. 逸周书考释 [M]. 北京：社会科学文献出版社，2000.

[36] 欧阳询. 艺文类聚 [M]. 2版. 上海：上海古籍出版社，1999.